Philipp Schaubruch

Konzepte von Schulqualität - Anspruch und Wirklichkeit im System Schule

Examicus Verlag

Bibliografische Information der Deutschen Nationalbibliothek:

Bibliografische Information der Deutschen Nationalbibliothek: Die Deutsche Bibliothek verzeichnet diese Publikation in der Deutschen Nationalbibliografie; detaillierte bibliografische Daten sind im Internet über http://dnb.d-nb.de/ abrufbar.

Druck und Bindung: Books on Demand GmbH, Norderstedt Germany
ISBN: 978-3-86746-854-1

http://www.examicus.de/e-book/186090/konzepte-von-schulqualitaet-anspruch-und-wirklichkeit-im-system-schule

Examicus - Verlag für akademische Texte

Der Examicus Verlag mit Sitz in München hat sich auf die Veröffentlichung akademischer Texte spezialisiert.

Die Verlagswebseite www.examicus.de ist für Studenten, Hochschullehrer und andere Akademiker die ideale Plattform, ihre Fachtexte, Studienarbeiten, Abschlussarbeiten oder Dissertationen einem breiten Publikum zu präsentieren.

Philipp Schaubruch

Konzepte von Schulqualität -

Anspruch und Wirklichkeit im System Schule

Wissenschaftliche Hausarbeit für die
Zulassung an Gymnasien

Geisteswissenschaftliche Sektion/
Fachgruppe Erziehungswissenschaften
Universität Konstanz

Konstanz, den 18.09.2005

vorgelegt von:
Philipp Schaubruch

Inhaltsverzeichnis

Abbildungsverzeichnis

Tabellenverzeichnis

1. Einleitung

> *Das Universalprinzip Rationalität ist ein verführerisches, weil sehr einfaches und daher beruhigendes Mittel zum Umgang mit einer komplexen Realität. Es reduziert Unsicherheit.* (BEYES, 2002).

Schulqualität wird in der heutigen Bildungsdiskussion immer mehr zu einem wichtigen Thema, das sich von zentraler Bedeutung im Sinne einer Schulentwicklungsforschung herausstellt. Die zuweilen sehr kontrovers geführte Diskussion hat sich in den letzten zehn Jahren im Umfeld der internationalen Schulleistungsstudien erheblich gesteigert und steht letztlich in der Rahmenentwicklung eines öffentlichen Diskurses, der sich grundlegend mit den Inhalten und Erfordernissen von Qualität in verschiedensten Gesellschaftsfeldern auseinandersetzt.

In der folgenden Arbeit soll nun versucht werden Tendenzen und Konzepte im Forschungsfeld Schulqualität aufzuzeigen. Insbesondere werden zentrale Problemstellungen von Schulqualitätssteuerung und -entwicklung im Metasystem Schule erläutert und kritisch analysiert. Hierbei sollen insbesondere die Inhalte von Schulqualität vor dem Hintergrund ihrer effektiven Beeinflussungschance diskutiert werden. Zunächst ist hierfür eine Auseinandersetzung mit den Inhalten und der Problematik des Qualitätsbegriffes erforderlich, bevor gezeigt wird, ob und wie Qualitätsmessung und Qualitätsentwicklung stattfinden kann. Hintergrund der Arbeit ist die Frage, wo und warum Reformansätze an Schulen oft zum Scheitern verurteilt sind beziehungsweise schon in Startphasen blockiert werden. Inwiefern weichen gestellte Ansprüche von Gesellschaft und Schulsystem im Hinblick auf Interventionsmöglichkeiten in komplexen Systemen wie Schule von tatsächlich vorgefundenen Realitäten ab? Vor dem Hintergrund der Publikationsvielfalt im Bereich Schulqualität soll und kann es in der vorgelegten Arbeit nicht darum gehen, einen Gesamtüberblick von Schulqualitätskonzepten zu geben. Es soll vielmehr versucht werden eine kritische Auseinandersetzung mit der Grundthematik zu ermöglichen und eine reflektierte Momentaufnahme des derzeitigen Entwicklungsstandes zu geben.

2. Einführung Schulqualität

2.1 Definitionsversuche

Um den Hintergrund der derzeitigen Debatte über ein Mehr an Schulqualität seit der Publikation der PISA Studie und anderen leistungsuntersuchenden Studien in einer breiten gesellschaftlichen Schicht besser verstehen und einordnen zu können, ist es unerlässlich sich mit dem, was sich hinter dem Begriff Qualität verbirgt sowie mit der Frage welche Faktoren eigentlich zu dieser massiven Thematisierung von Bildung in der Gesellschaft beigetragen haben auseinanderzusetzen. Dies soll am Beispiel des historischen Verlaufs der Schulqualitäts- beziehungsweise Entwicklungsforschung veranschaulichst werden.

Im Kontext der Bildungsforschung gibt es zur Bedeutung von Qualität etliche differenzierende Analysen und Arbeiten (GREEN, 1994; HEID, 2000; TERHART, 2000, 2002; etc.), die vor allem den Eindruck erwecken, dass das Begriffsbild im Grunde ein eher weiches ist. Ball fragte schon 1985: „Was um alles in der Welt ist Qualität?“ (Ball, 1985, in Harvey & Green, 1993, S.18). Die Prominenz des Qualitätsbegriffes in der heutigen Zeit lässt sich durchaus mit früheren Leitkonzeptbildern wie Chancengleichheit, Emanzipation oder Kindgemäßheit vergleichen, ohne dass damit ein präzise definierter, empirisch operationalisierter Kontext gemeint wäre. Oft scheint Qualität als ein verdichteter und reduzierter Begriff, der ein ganzes Bündel von Überzeugungen, Bewertungen und Zielen enthält. Die immanente Positivität des Begriffes ist ein typisches Merkmal eines Slogans wie dem Ruf nach mehr Qualität, oder dem Ruf nach Chancengleichheit, etc..

Enzyklopädien beschreiben Qualität[1] oft als Summe, beziehungsweise als Merkmal(e) von Eigenschaften oder Attributen, die idealerweise einen IST – Wert auf einen SOLL –Wert abbilden. Vorrangig findet der Begriff bei technischen Zusammenhängen Verwendung, um Eigenschaften oder Faktoren quantitativ zu messen. Generell lässt sich bei Qualität von einem relativen Begriff sprechen, der nur vor dem besonderen Hinblick auf seine Funktionen und Ziele

[1] lat.: qualitas = Beschaffenheit, Eigenschaft.

beurteilt und definiert werden kann. Zudem kann Qualität nie eine Abbildung der Eigenschaften eines Objekts „an sich" darstellen, sondern hängt immer von einer relativen Beobachter- beziehungsweise Beurteilerperspektive ab (vgl. Harvey/ Green, 2000), aus der Eigenschaftsbündel oder –kombinationen am Objekt untersucht werden. In sozialen und damit komplexen Systemen ist die Bildung von Kriterien, die von ihrem Kern her dem Qualitätsbegriff ihren Körper geben, stets an normative und vor allem prozessuale Kontexte angebunden, die einem fortlaufenden Wandel unterliegen. Doch geht es im Bildungssystem nicht um die Herstellung eines Bildungs- und schließlich Produktionsergebnisses, wie etwa in der Wirtschaft im Sinne einer zertifizierten DIN Norm.[2] Auch handelt es sich nicht um eine dienstleistende Form der Wertschöpfung für einen Kunden. Erziehung und Bildung zielen eher auf eine kontinuierliche Transformation der Beteiligten ab, die sich stets auch an Prozessvariablen orientiert. Diese sind nicht präskriptiv determiniert, sondern konstituieren sich dynamisch (vgl. HARVEY&GREEN, 2000). Rahmenbedingungen von Qualitätsformen entstehen so stets mehrdimensional, sie werden durch die handelnden Akteure in ihrer Eigenlogik („black-box Interaktion")[3] auf der jeweiligen Ebene vorgegeben.

Im Bildungssystem oder genauer im System Schule lassen sich nun vier verschiedene Zugangs- beziehungsweise Vorgehensweisen (vgl. TERHART, 2000, S. 814ff.) und drei wesentliche Fokussierungen von Qualität (vgl. HOLTAPPELS, 2003; Arbeitsstab Forum Bildung; BAUMERT, 2001; SCHEERENS & BOSKER, 1997) feststellen. *Normative Bestimmungsversuche* beschreiben Zielvorstellungen die sich an „guten" Schulen orientieren ohne den Blick auf empirische oder andere Restriktionen zu werfen. Pädagogische und bildungspolitische Wertungen und Zielvorstellungen gehen hier in eine Bewertung ein, die letztlich versucht Leitbilder für eine vorbildliche, qualitativ hochwertige Schule zu schaffen. *Analytische Bestimmungsversuche* versuchen den Begriff Qualität zu präzisieren, Kontexte aufzuzeigen und verschiedene Hintergründe, Deutungsmöglichkeiten und Widersprüche darzustellen. Vorge-

---

[2] So ist beispielsweise der Begriff Qualität selbst genormt: „Qualität ist die Beschaffenheit einer Einheit bezüglich der Eignung, festgelegte und vorausgesetzte Erfordernisse zu erfüllen." (DIN 553550, Teil 11n, vgl. Terhart, 2000, S. 815).

[3] Vgl. auch S. 56, „black-box Interaktion" bezieht sich auf die Unvorhersagbarkeit/ nicht absolute Erklärbarkeit menschlichen Verhaltens.

gangen wird so nicht inhaltlich, sondern eher formal disziplinär und begriffsanalytisch. *Empirische Bestimmungsversuche* zielen auf eine Wirkungsanalyse, die einen Vergleich zwischen eingesetzten Ressourcen, vorgegebenen Zielen, Prozessbedingungen und schließlich eintretenden Ergebnissen erlaubt. Grundlage ist der Versuch, ein Aufwands-Ertrags-Schema darzustellen und Rückschlüsse auf positiv wirkende Prozessvariablen zu ziehen. *Operative Forschung* versucht die Möglichkeiten des Qualitätsmanagements und der Qualitätssicherung zu klären. Welche Strategien an welchen Ansatzpunkten, wann und mit welchen Mitteln effektiv eingesetzt werden können, ist hier der Gegenstand der Forschung.

Fokus einer Beschreibung kann erstens die *Strukturqualität* eines Schulsystems sein, die alle Input-Faktoren[4], Rahmenbedingungen und Ressourcen unter denen Schulen handeln und arbeiten zusammenfasst. Hierunter fallen so zum Beispiel auch die Eingangsvoraussetzungen der Schüler in Bezug auf die soziale Herkunft, das Leistungsvermögen, usw.. Zweitens lässt sich Qualität auch im beziehungsweise am *Prozessverlauf* durch moderierende Variablen beschreiben. Diese können sich auf qualitative Untersuchungen zum Schulklima, zum Schulethos, auf die Unterrichtsqualität, die Kooperationsfähigkeit mit der Umwelt oder ähnliches beziehen. Grundlegend ist die Fragestellung, wie das Schulsystem den Bildungs- und Erziehungsauftrag umsetzt. Letztlich sind es jedoch die Output Variablen, die die entstehenden Effekte des Bildungsprozesses beschreiben und die Anhaltspunkte für eine Qualitätsentwicklung liefern können. Hierzu gehört erworbenes Fachwissen, wie auch erworbene soziale Fähigkeiten, die Motivationseinstellung oder die Akzeptanz beziehungsweise Attraktivität von Schule auf Schüler-, Klassen- und Schulebene. Diese *Wirkungen von Qualität* sind es, die unter dem Begriff der „Effectiveness"[5] oder Schulwirksamkeit subsumiert werden (vgl. SCHEERENS, 1990; CREEMERS 1996; LEVINE/ LEZOTTTE, 1990).

Qualität lässt sich auch aus multiplen Persönlichkeitsperspektiven untersuchen. So nehmen die beteiligten Personengruppen (Schüler, Eltern, Lehrer, Schulleitung, Schulaufsicht, Bildungsministerien, etc.) durchaus unterschiedli-

---

[4] Vgl. zum Input&Output Modell auch Walberg (1983), In: FEND (1998, S.268), als ähnliches Modell in dieser Arbeit auf S. 35.

che Positionen ein, wenn es um die Frage geht, was Qualität im Schulsystem eigentlich genau bedeuten kann. Fend führt in diesem Zusammenhang Wirklichkeitskonstruktionen von Akteuren an, die grundlegenden Einfluss auf das Handeln, die Motivation und das Wohlbefinden haben (FEND, 2000, S. 41ff.).

Problematisch scheint also zu sein, dass es eine Polytelie, also eine Mehrzieligkeit aller Handelnden im System gibt, die sich in weiten Teilen vor allem durch Inkongruenz auszeichnet. Allein im pädagogischen Handeln werden schon verschiedene, divergierende Facetten deutlich, die stets unterschiedliche Spielräume und Schwerpunktsetzungen erlauben. Fend spricht in diesem Kontext von einer begrenzten Technologisierbarkeit pädagogischer Prozesse (FEND, 1981, S.182). Lehren und Lernen werden so über Bewusstseinsprozesse gesteuert, die sich nicht mit Produktionsabläufen in der Wirtschaft vergleichen lassen. Er geht weiterhin von einer immanenten Kontrollunsicherheit in der Schule aus, die sich im Widerspruch der Weisungsgebundenheit des Beamtenberufs und einer nötigen individuellen Autonomie im Unterricht widerspiegelt, deren pädagogischer Erfolg gleichsam unsicher und fragwürdig ist. Wenn heute oberflächlich über Schulqualität gesprochen wird, so ist meistens folgendes unklar:

1. Welche spezifische Art von Schulqualität ist gemeint?
2. Für wen soll es eine hohe Schulqualität geben? (Selektionsfunktion)
3. Wofür soll es eine hohe Schulqualität geben (Zielfunktionen)
4. Woran soll Schulqualität gemessen werden (Erwartungsniveaus)
5. Aus wessen Perspektive soll Schulqualität gemessen werden?

Die Wissenschaft hat im Verlauf der Schulentwicklungs- beziehungsweise Schulqualitätsforschung hierzu in verschiedenen Analysen und Arbeiten Stellung genommen, die in Ausschnitten im Folgenden gezeigt werden sollen.

2.2 Historische Entwicklung

Von Bedeutung für die zunehmende Entwicklung eines Qualitätsbewusstseins ist die Entwicklung der pädagogischen Orientierung der letzten 60 Jahre (vgl.

[5] Vgl. auch Abb. 07.

FEND, 1995, S. 36 ff.). So steht in den 50er Jahren die Ausrichtung an der existentiellen Person des Menschen im Mittelpunkt. Gesprochen wird von einem „Kult des Geistes", „Vom Wesen des Menschen" (BUDE & KOHLI 1989, In: FEND, 1998, S.158). Dementsprechend steht die persönliche Entwicklung des einzelnen Schülers in Anlehnung an reformpädagogische Bemühungen und humanistische Bildungstradition im Fokus des pädagogischen und erzieherischen Interesses. Als Nachklang wirken heute diese Tendenzen vor den Forschungen Pestalozzis, der schon im 18. Jahrhundert vom Menschen als Produkt seiner selbst spricht. (In: FEND, 1998, S.158).

In den 60er Jahren kommt es zu einem tiefgreifenden Wandel der pädagogischen Perspektive. Nicht mehr der Mensch in seiner Existentialität ist Untersuchungsgegenstand, sondern seine Lebensumstände, die durch soziale und politische Rahmenbedingungen vorgegeben sind. Geprägt ist diese Zeitphase durch einen starken Willen der Veränderung von Lebensverhältnissen. Nicht nur Kritik sondern auch aktive Reformbereitschaft ist vorhanden, um gerade im Feld der Pädagogik Umweltbedingungen zu schaffen, die einen handlungsfähigen und bewussten Menschen hervorbringen sollen. Persönliche Fehler und Defizite sind nach der damalig geltenden Auffassung stets systembedingt, so dass etliche pädagogische Handlungskonzepte zur Förderung des Individuums entstehen, die sich jedoch im Wesentlichen auf die Grundschule sowie die Sekundarstufe I beziehen oder im Rahmen von Gesamtschulkonzepten entworfen werden. Ziel und Vision ist die Entstehung einer idealen Schule. Größer angelegte Survey-Studien, z.B. von Colemann (1966) oder Jencks (1973), führen jedoch zu einer großen Ernüchterung, der damals so hoffnungsvollen Reformbewegung (vgl. FEND, 1998, S. 318ff.). Anders als erwartet verweisen diese Studien deutlich auf andere Indikatoren von Lernerfolgen. Nicht der Unterricht, die besonderen Eigenschaften eines Lehrers oder die Qualität einer Schule im Allgemeinen scheinen die bedeutendsten Faktoren zu sein. Es ergibt sich vielmehr, dass die wichtigsten Größen, die soziale Herkunft und das Lebensmilieu der betreuten Schüler darstellen. Averch konstatiert 1974, „School's don't make a difference!" und leitet mit dieser folgenschweren Feststellung einen Tiefpunkt und eine Aufspaltung der pädagogischen Forschung ein (In: FEND, 1998, S. 318). Es kommt zu Untersuchungen („time on task- Forschungen"), die versuchen die tatsächlich genutzte, effektive Unterrichtszeit in ihrer Bedeutung zu erklären. Andere Studien beschäftigen sich wieder mit eher antiquierten Modellen des lehrerzentrierten Unterrichts. Fazit dieser Studien (z.B. TREIBER & WEINERT, 1982; vgl. FEND, 1998, S. 316) ist, dass eine klassische kontrollierte Unterrichtssteuerung durch den Lehrer, die in Zusammenhang mit einer hohen Unterrichtsbeteiligung der Schüler steht, zu positiven Lernerfolgen führen kann. Dies ist im besonderen Maße bei einem gleichzeitig positiven Lern- und Sozialklima innerhalb der Klasse der Fall. Hieran schließen sich weitere Studien (z.B. WALBERG & HAERTEL, 1980) an, die sich mit der Bedeutung des erzieherischen Klimas an Schulen auseinandersetzen. Wurde bis weit in die 70er Jahre hinein noch bestritten, dass man zwischen einzelnen Schulen innerhalb eines Schulsystems Unterscheidungen in Bezug auf die jeweilige Schulqualität treffen kann, so konzentrieren sich ab Mitte der 70er Jahre die Hoffnungen auf die einzelne Schule. Man versucht in deskriptiven Ansätzen verschiedene Schulen zu unterscheiden, wobei man ethnomethologische Fallsstudien von groß angelegten Survey Studien differenzieren kann. Die Analyse von Schulkulturen, von sozialen Verkehrs- und Umgangsformen und Handlungspraktiken in Schulen rückt in den Forschungsmittelpunkt. Man gelangt zu der Erkenntnis, dass einzelne Schulen bei gleichen systemischen Voraussetzungen (administrativ, ökonomisch und sozial) und unabhängig von der Schulform oder der Systemzugehörigkeit, dennoch äußerst unterschiedlichen Qualitätsniveaus entwickeln können. Heute ist die Bedeutsamkeit der einzelnen Schule für den Bildungs- und Erziehungserfolg gut belegt (AURIN, 1990; ROLFF, 1990; TILLMANN, 1989; PURKEY/SMITH, 1983; REYNOLDS, 1990; STEFFEN/BARGEL, 1993; In: HOLTAPPELS, 2003, S.55).[6]

Versucht man den wesentlichen Anfang der Schulqualitätsforschung zeitlich einzugrenzen, so lässt sich hierfür aufgrund einiger entscheidender und relevanter Studien der Beginn der zweiten Hälfte der 70er Jahre ausmachen. Hier sind insbesondere die Schulklimaforschungen aus Konstanz um Fend (1981) zu nennen sowie die damals als bahnbrechende Studie bekannte Arbeit von

[6] Synergetische Lerneffekte und Forschungsbestätigungen wurden vor allem auch durch den Arbeitskreis „Qualität von Schule“ erzielt, der Schulforscher des HIBS (Hessisches Institut für Bildungsplanung und Schulentwicklung) und die Forscher der FGR (Konstanzer Forschungsgruppe Gesellschaft und Region) zusammenbrachte.

Rutter (1980). Nach Forschungen an Londoner Gesamtschulen kommt Rutter zu folgenden Merkmalen beziehungsweise Indikatoren für Schulqualität:

1. spürbare Wertschätzung des Lernens und gute schulische Leistung in der Schule
2. klar strukturierter Unterricht mit Bezug auf den Lernstoff
3. schülerzentrierte Atmosphäre, die positiv ausgerichtet ist (eher Lob als Kritik)
4. Akzeptanz des Schülers als Person
5. Möglichkeiten der Mitsprache und Verantwortungsübernahme
6. Kontinuität von Lehrpersonal und Lerngruppenzusammensetzung
7. Kooperation und Wertekonsens im Kollegium

Vergleicht man verschiedene Studien, so zeigt sich jedoch zum einen eine unterschiedliche, als auch gegensätzliche Relevanz von Effekten in verschiedenen Schulen. Zum anderen wird deutlich, dass im Grunde nicht einzelne Indikatoren für die Qualität und Wirksamkeit einer Schule bestimmend sind, sondern stets synergetisch wirksame und aneinander gekoppelte Einflussbündel.

Zusammenfassend lässt sich auf diese Weise eine Entwicklung der Schulqualitätsforschung von einem eher personenorientierten Ansatz über die Untersuchung von Unterrichtsstrategien zu einem System- beziehungsweise Strukturanalyse-Ansatz nachvollziehen. Fend spricht heute von einer mehrebenenanalytischen Betrachtungsweise (FEND, 1998, S.14ff.). Er unterteilt das Bildungswesen in eine Makroebene (rechtlich-organisatorische Rahmenbedingungen), eine Mesoebene (Zwischenebene: einzelne Schule) und eine Mikroebene (einzelne Schulkasse mit Lehrer). In den 50er Jahren stand, wie gezeigt werden konnte, eher die Analyse der Mikroebene im Mittelpunkt (Qualität der Lehrer), in den 60ern gewann die Makroebene an wissenschaftlicher Bedeutung und seit Ende der 70er Jahren kommt es zu genaueren Untersuchungen der Mesoebene.

Beim Rückblick auf die Bildungs- und Sozialgeschichte der letzten 50 Jahre wird oft von traditionell begrifflichen Eckpfeilern wie Quantität (z.B. Anzahl höherwertiger Abschlüsse), Gleichheit (gleiche Zuteilung von Ressourcen an alle), Staat und Wissenschaft (als intervenierende, zentrale Einflussgrößen) gesprochen. Hier haben deutliche Veränderungen stattgefunden. Welche gesellschaftlichen Umgestaltungen in den letzten Jahren nun zu einer derartig starken Akzentuierung von Qualitätsforderungen an die Schule geführt haben, ist Gegenstand der folgenden Betrachtung.

2.3 Aktualität der Debatte

Rückblickend auf die Entwicklung der letzten 20 Jahre im Bereich der Schulforschung ist oft von einem Wandel der Bildungs- und Erziehungsaufgaben der Schule die Rede (vgl. jeweils Einleitung: HOLTAPPELS, 2003; OELKERS, 2003; FEND, 1998; VOSS, 2002; ZINNECKER, 2002). Konkret wird aber auch von einem Wandel in den Sozialisationsbedingungen sowie von einer Verschiebung der allgemeinen Bildungsanforderungen gesprochen. Zugleich finden auch in einer breiten Öffentlichkeit Diskussionen über Bildungskrisen und nicht gelöste Entwicklungsprobleme statt.

Blickt man auf die aufwachsende Generation in den 90er Jahren, so zeichnet sich diese durch ein überwiegend post-liberales, pädagogisches Milieu aus, in dem beginnend mit den 70er Jahren eine kontinuierliche Lockerung von Werten und konventionellen Umgangsformen einhergeht. Diese sind zwar als Orientierungsmaßstäbe weiter vorhanden, jedoch sehr heterogen und werden zunehmend informeller und austauschbarer. Auch im Erziehungsbereich innerhalb und außerhalb der Familie kommt es zu einem liberalen und weniger autoritären Verhältnis zwischen Kindern und pädagogischen Bezugspersonen. Zugleich findet eine zunehmende Pluralisierung und Divergierung von Erziehungsstilen in der Familie sowie eine Aufweichung der traditionellen Familienstrukturen (Ein-Kind-Familien) statt (vgl. ZIMMERMANN/ ROLFF, 1992, LENZ/ TILLMANN, 1997, BELLENBERG, 2001). Die direkten Folgen zeigen sich in einer erhöhten Nachfrage nach pädagogischer Betreuung (Zeitfaktor), stärkerem ökonomischem Druck und weniger Sozialkontakten (Eltern, etc.). Die Straßensozialisation, also der Lebensraum von Kindern im Rahmen von nachbarschaftlichen Lebens- und Spielräumen ist zudem zunehmend zurückgegangen (vgl. ZEIHER, 1989), sodass auch von einer Verinselung der Kindheit gesprochen wird. Auf der anderen Seite wachsen miteinander konkurrierende, kommerzielle Freizeitangebote und mediale Konsummöglichkeiten, die nicht unbedingt eine soziale Auseinandersetzung mit Gleichaltrigen zum Ziel haben. Das Aufwachsen in einer globalen Medienkultur mit dem Leitmedium

Fernsehen, ständigen medialen Kommunikationsmöglichkeiten und einer weitgehenden „Computerisierung“ im Kinderzimmer ist mittlerweile gesellschaftlicher Standard geworden. Dem Kind beziehungsweise Jugendlichen steht relativ früh ein ungeheuer breites Spektrum von Angeboten unterschiedlichster Art zur Verfügung, sodass es je nach Sozialisationsbedingungen zu höchst unterschiedlichen Erfahrungsprozessen von Gesellschaftskultur kommt. Deren Verarbeitung und Auswahl scheint bei der Fülle der Informationen höchst schwierig und problematisch. So kann die mediale Präsenz von Wirklichkeit, die meist nur rezeptiv aufgenommen, vielfach kognitiv ausgeblendet, kaum zu einer authentischen und aktiv prozessualen Wirklichkeitserfahrung führen. Des Weiteren findet die praktische Anwendung des Gesehenen oder Gehörten und die Einbindung in die eigene Lebenswirklichkeit und wachsende Erfahrungswelt aufgrund der Rezeptionsaffinität moderner Medien in der Regel kaum statt. Hinzu kommen wachsende ökonomische Interessen der Wirtschaft, die sich seit den 90ern zunehmend Kindern und Jugendlichen widmen, die sie als neue Zielgruppe entdeckt haben und mit entsprechender Werbung bedienen. Wie Kinder und Jugendliche die sie umgebende Welt interpretieren, welche Vorstellungen sie von einer Gesellschaft entwickeln und vor allem welche möglichen Konsumbedürfnisse entstehen beziehungsweise erzeugt werden können, wird so vielfach von Unternehmen analysiert und durch Werbung und Marketing beeinflusst.

Die Schule als Sammelbecken für Erziehung und Bildung hat in der Folge mit unterschiedlichsten Eingangsvoraussetzungen der Schüler zu tun, die in einigen Lerndisziplinen ein erstaunliches Spezialwissen aufweisen können, in anderen Gebieten jedoch äußerst schwache Grundkenntnisse haben. Ebenso sind die vorgeprägten Verhaltensweisen von Kindern vielfach heterogener und erfordern ein differenziertes Umgehen seitens der pädagogischen Kräfte.

Jedoch haben sich nicht nur die Eingangsbedingungen geändert, auch die Bildungsanforderungen wandeln sich. Die zunehmende Komplexität im Berufsbereich führt zu einer Ausbildung, die an den Einzelnen immer mehr die Forderung nach der Aneignung von Expertenwissen stellt. Oft wird von neuen Herausforderungen einer beginnenden Wissensgesellschaft gesprochen, in der der Stellenwert von Wissensproduktion, -anwendung und -verarbeitung, als von eminenter Bedeutung für die Erhaltung des wirtschaftlichen Wohlstandes deklamiert wird. Seit ca. zehn bis zwanzig Jahren wird so vermehrt von so genannten Schlüsselkompetenzen[7] gesprochen, die von der Schule verstärkt ausgebildet werden sollen, um Transferdenken und die Fähigkeit zur schnellen Wissenserweiterung zu verbessern. Auch zeichnet sich seit den 90ern zunehmend der Trend ab, Qualitätsmanagementkonzepte aus dem marktwissenschaftlichen Bereich auf den Bereich Schule übertragen zu wollen. Als Stichwortgeber erscheint hier das Idealbild einer „Lernenden Organisation" mit Schlagwörtern wie „corporate identity", „commitments", usw., die im Grunde bezeichnend für eine steigende Bedeutung einer neuen, unter ökonomischen Leistungs- und Effizienzaspekten stehenden, Schulperspektive sind (vgl. FULLAN, 1999; DALIN, 1999; KÜHL, 2000). In der internationalen Schul- und Bildungsforschung werden diese Entwicklungen unter dem Begriff „School Effectiveness, Improvement and Culture movement (SEIC)" zusammengefasst, deren Fokus ebenfalls eher auf dem Output liegt. Im Zuge einer wachsenden Globalisierung von Märkten, Informationen, menschlichem Wissen und Ressourcen scheint sich das Bildungssystem neuen Ansprüchen und Forderungen stellen zu müssen. Der Glaube und das Vertrauen in die Leistung und damit in die Qualität von Schule in Deutschland sinken seit Jahren, wie sich aus steten Krisenmeldungen der Medien über so genannte Bildungskatastrophen, etc. ablesen lässt. Wesentlicher Auslöser für die Debatte um Qualitätsprobleme sind jedoch die Ergebnisse der internationalen Vergleichsstudien.[8] Deren Entwicklungsgrundlagen gehen im Grunde auf die 50er Jahre zurück.[9] Durch die verbreitete Ansicht der Nichtvergleichbarkeit von Qualität in verschiedenen Schulen und Schulsystemen bleibt dieser Forschungszweig jedoch lange unbeachtet (Weigel, 2004, S. 29).[10] Dies ändert sich mit der Leis-

---

[7] Schlüsselkompetenz ist begrifflich ein ähnlich weicher Begriff wie Qualität und umfasst daher ein weites Spektrum von Fähigkeitsbündeln.

[8] Ein ausführlicher Vergleich und Überblick von Schulleistungsstudien findet sich im Heft 61 der BLK: Übersicht über nationale und internationale Initiativen zu Qualitätsvergleichen und zur Qualitätssicherung im Bildungswesen (BLK, Bonn, Stand: 23.7.2001), In: http://www.blk-bonn.de/papers/qualitaet.pdf [15.08.2005].

[9] Als Auslöser wird hier oft der so genannte „Sputnik Schock" genannt; vgl. Zymek (1975, S.353); Gonon (1998, S. 114), In: Weigel (2004, S. 28).

[10] Internationale Studien, an denen Deutschland in den 90ern teilgenommen hat, sind die erste Leseverständnisstudie (IRLS) von 1990/91, die TIMSS-Studien für die Mittel- und Oberstufe (1994-1996), PISA 2000 und später noch IGLU (Ergebnisse 2003) für den Grundschulbereich. Parallel dazu wurden nationale Studien durchgeführt: Hamburger Lau-Studien (1996 bis 2000), Quasum in Brandenburg (1999) und Markus in Rheinland-Pfalz (2000). vgl.

tungsvergleichsuntersuchung zum mathematisch-naturwissenschaftlichen Unterricht TIMMS (vgl. BAUMERT/ LEHMANN, 1997), die 1998 nur ein durchschnittliches, fachspezifisches, internationales Niveau an deutschen Schulen und starke Schwankungen unter den einzelnen Bundesländern verzeichnet. In der Fachpresse, wie auch in der allgemeinen Medienlandschaft finden sich in der Folge eine wachsende Anzahl von Rezeptionen und Kritiken wieder, die auf ein erhebliches Interesse der Öffentlichkeit, die letztlich ein Gesellschaftsbewusstsein artikuliert, hinweisen. Es scheint, als ob sich in den Ergebnissen der Studie lange angesammelte, unterbewusste negative Empfindungen beziehungsweise Bewertungen von Schulhandeln aus der Meinung breiter Teile der Gesellschaft widerspiegeln, die nun in geballter Kritik auch von den breiten Medien inszeniert und aufgegriffen werden (vgl. WEIGEL, 2004, S. 29ff.). Zur Diskussion steht die Frage, inwiefern die Leistungsfähigkeit von Schule tatsächlich anhand eines externen, empirischen Systemmonitoring (Ergebnisorientierung) überprüfbar ist und ob die zur Verfügung stehenden finanziellen Mittel ökonomisch effizient eingesetzt werden. Vor der PISA Studie (Programme for International Student Assessment) ist das Stimmungsbild weitestgehend von der Unsicherheit bestimmt, wie man aus Sicht der Betroffenen (Lehrer, Bildungsverwaltung, etc.) auf die neue Situation reagieren soll. Die Meinungsbilder im Vorfeld von PISA reichen so von Ablehnung und starkem Misstrauen (anfangs weite Teile der GEW, Klippert, Klafki, Klemm, etc.) bis zur Wahrnehmung einer neuen Chance zur Qualitätsverbesserung (Schweizer, J., KMK Präsident Lemke, etc.).[11] Als die ersten, wie größtenteils erwartet, schlechten Ergebnisse (vor dem Hintergrund des Abschneidens anderer Länder (32 Teilnehmerstaaten)) der PISA-Studie eintreffen, ist die Fach-, wie auch die Öffentlichkeitsdiskussion von einer neuen Reform- und Verbesserungsdebatte geprägt. Es kommt zu Qualitätsvergleichen in ausgemachten Ursachenfeldern, die den „guten", als vorbildlich bezeichneten Schulsystemen im Ausland gegenübergestellt werden. Als generelle Kernthemen lassen sich die Qualität des Unterrichts, die Lehrersituation, die Schulstruktur und die frühkindliche Bildung identifizieren. Interessant ist die Tatsache, dass es im

---

hierzu auch: Klemm (17.06.02): Wenn schon kein Umbau, dann auch keine Rolle rückwärts. In: Frankfurter Rundschau (28.03.2002). In: Weigel (2004, S.29).

[11] Ebd. S.30 ff..

Gegensatz zu Deutschland in fast keinem anderen Land zu einer derart intensiven Auseinandersetzung mit der PISA-Studie, ihren Voraussetzungen und möglichen Folgen für das (deutsche) Bildungssystem kommt (vgl. WEIGEL, 2004). Im Jahr 2002 findet auf Beschluss der Kultusministerkonferenz (KMK) eine Erweiterung der PISA Studie[12] statt, um einen Leistungsvergleich der Schulsysteme auch innerhalb Deutschlands zu erlauben. Es beginnt eine parallele Diskussion über den Bildungsförderalismus, der von einigen als gescheitert, von anderen als Argument für das positive Abschneiden des eigenen Bundeslandes genutzt wird. Im Anschluss der Konferenz werden nationale Bildungsstandards gefordert, um das zum Teil erhebliche Leistungsgefälle zwischen vielen Bundesländern zu korrigieren. Diese werden von der KMK im Folgenden beschlossen, bleiben nach einer beauftragten Expertise jedoch weiter Aufgabe der einzelnen Länder.

Im Allgemeinen lässt sich eine fühlbare Sensibilisierung und ein erhebliches Interesse der öffentlichen Meinung zum Thema Bildung seit Anfang der internationalen Vergleichsstudien konstatieren. So kommt es, angefangen von Hochschulrankings, Ärzterankings und ähnlichen Qualitätsprüfungen in deutschen Pressemagazinen auch zu medialen Inszenierungen in Fernsehshows, wie zum Beispiel „PISA - Der Ländertest". Im Blickpunkt steht letztlich nicht nur die Schule allein, sondern es scheint fast, dass alle Institutionen, die vorher im geschützten Bildungs- und Sozialbereich beheimatet waren, nun auf den öffentlichen Prüfstand gezogen werden. Die Überprüfung und eine als nötig angesehene, ständige Legitimation von staatlichen Leistungen, staatlichem Personal und ähnlichem im Hinblick auf Qualität scheinen sich mittlerweile nicht nur als bloßer Trend gefestigt zu haben. Mit der anstehenden Überprüfung der naturwissenschaftlichen Grundbildung von PISA 2006 wird das Zeitalter der internationalen Leistungsvergleiche auch in der Schule nicht vorbei sein, sondern sich wohl eher zunehmend als ständiges Instrumentarium zur Qualitätssicherung etablieren.

---

[12] In Baden-Württemberg nehmen 78 Schulen teil. Zur PISA-E Studie auch: Baumert et al. (2002).

3. Qualität und Schule

3.1 Schulsystemstrukturen

Vor einer Analyse der Problematik von Schulqualitätsentwicklung ist es sinnvoll die Strukturierung von Schule offen zu legen, um Systemelemente und ihre wesentlichen Verknüpfungen einordnen zu können. Aufschlussreich können hier vor allem die verschiedenen Organisationsebenen von Schule und ihrer nahen Umwelt sein. Organisatorische Einheiten finden sich nun in verschiedenen Bereichen der Makro-, Meso- und Mikroebene. Im Bereich der Makrostrukturen spielt die föderalistische Ausrichtung der BRD eine wesentliche Bezugsgröße. So sind Bildung, Wissenschaft und Kultur im Wesentlichen Aufgabe der einzelnen Bundesländer, obwohl dem Gesamtstaat durchaus eine Rolle bei der Verwaltung und der Aufsicht von Schulen zugestanden wird (vgl. Art.7 Abs.1 GGB).

Bundesweite Instrumentarien wie die Kultusministerkonferenzen, die Bund-Länder-Kommission für Bildungsplanung und Forschungsförderung (BLK) (ab 1970), Bildungsausschüsse (z.B. zu Bildungsplanung) oder die Bildungsinstitute des Bundes sind fest angelegt und treten in regelmäßigen Abständen zusammen beziehungsweise vollziehen einen ständigen Diskurs in bildungspolitischen Fragestellungen. Auf Bundesebene soll im Idealfall auf diese Weise eine Übereinstimmung in grundlegenden Bildungsfragen erzielt werden.[13] Dennoch ist die Situation in Deutschland durch eine in weiten Teilen unterschiedliche Bildungssituation geprägt. Verschiedene Schulzeitlängen, abweichende Längen der allgemeinen Schulpflicht, Länder mit anderen Schultypen (z.B. Gesamtschulen), Arten der Bildungsfinanzierung, der Schulraumvorgaben, der Umsetzung von Bildungsinhalten, der Personalentwicklung, usw. stehen je nach parteipolitischer Ausrichtung des Landes nebeneinander. Zusätzlich zu den Bundesinstitutionen betreiben die Länder ebenfalls eigene Kommissionen, Ausschüsse und Institute im Bildungsbereich. Eine grundlegende Organisation wird innerhalb der Länder im Rahmen der Schulaufsicht und

---

[13] Im Rahmen von Abkommen und Vereinbarungen müssen zum Beispiel Bildungsabschlüsse bundesweit anerkannt werden. (Selbstbindungsprinzip der Länder) (beschlossen im Düsseldorfer Abkommen 1955, erweitert in den Hamburger Beschlüssen 1964/ 71), vgl. Jonen, G. (2005, S.59).

Verwaltung durch die jeweiligen Kultusministerien und deren nachgeordnete Schulbehörden ausgeübt.[14] Bildungsziele werden im Rahmen von Lehrplänen konkretisiert. In der Schulaufsicht der Länder sind Rechtsaufsicht, Fachaufsicht und Dienstaufsicht über das Lehrpersonal an öffentlichen Schulen zusammengefasst. Die äußeren Schulangelegenheiten (Schulgebäude, Lehrmittel, etc.) werden in der Regel durch den Schulträger, also die Gemeinden betrieben. Die Schulverwaltung wird im Regelfall in einem zweistufigen System (in wenigen Länder ein- oder dreistufig), ausgehend vom Kultusministerium bis hin zu den staatlichen Schulämtern auf Kreis- und Stadtebene organisiert. In der folgenden Abbildung ist die Verwaltungsstruktur in Baden-Württemberg vereinfacht dargestellt.

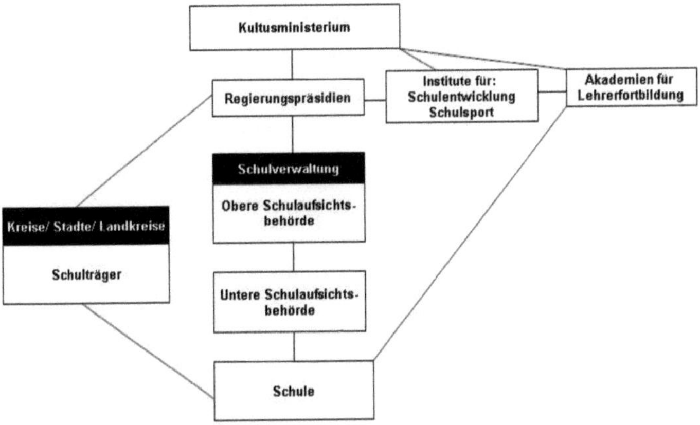

Abbildung 1: Verwaltungsstruktur in Baden-Württemberg (Schulbereich), (eigene Darstellung).

Die Komplexität und die Vernetzung des Systems lassen sich durch die Darstellung von Organisationen anderer Prozessbeteiligter zusätzlich erweitern. So nehmen Eltern oder Schüler ebenfalls in unterschiedlicher Weise Einfluss auf den Schul- und Bildungsprozess:

14 Vgl. ebd. S.48ff..

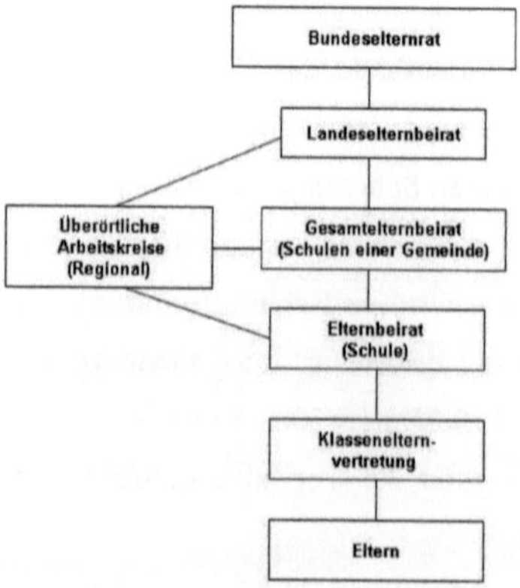

Abbildung 2: Elternmitsprache, (eigene Darstellung).

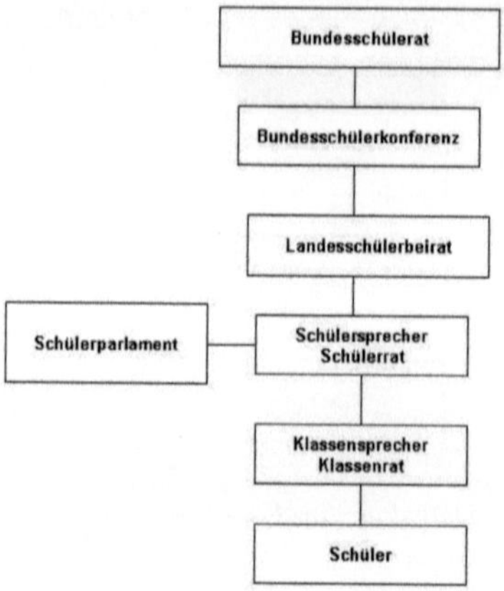

Abbildung 3: Schülermitsprache, (eigene Darstellung).

Nicht zuletzt sind auch Lehrer zum Teil in der Gewerkschaft für Erziehung und Wissenschaft (GEW), im Philologenverband (PhV) oder anderen Verbänden organisiert. Insgesamt lässt sich so bereits auf der Makroebene eine Vielzahl von Einflussfaktoren erkennen, die in unterschiedlicher Weise mit dem Thema Schulqualität in Verbindung stehen. Versucht man die Struktur von Organisationsebenen innerhalb der konkreten Schule bis in die Mikroebene, dem Unterricht zu entschlüsseln und diese in einem Gesamtmodell darzustellen, so wird schnell klar, dass wir es mit äußerst diversifizierten und komplexen Systemen zu tun haben, die alle ihrer Eigenlogik entsprechend handeln beziehungsweise funktionieren (vgl. auch Kapitel 5). Inwiefern nun Schulen als qualitativ gut bezeichnet werden hängt demnach vermutlich stark von der subjektiven Perspektive ab, die sich aus den unterschiedlichen pädagogischen Ansätzen und Wertvorstellungen zusammensetzt. Klar ist jedoch, dass sich die Qualität einer Schule im Besonderen von den aktiv Beteiligten innerhalb der Schule, also den Lehrern und Schülern und in weiterem Sinne den Eltern definieren lässt. Objektive Leistungsmessungen, wie sie die internationalen und nationalen Leistungsstudien geliefert haben, können meist nur bestehende subjektive Eindrücke bestätigen oder werden vor dem Hintergrund der bestehenden Einstellungen und Weltbildern letztlich subjektiv bewertet und interpretiert.

Die empirische Forschung hat zur Frage der unterschiedlichen, pädagogischen Handlungskonzepte in der Schule bereits vielfach Ergebnisse vorgelegt (vgl. HOLTAPPELS, 2003, S.36). Diese sind jedoch bei weitem nicht so eindeutig, wie man es sich wünschen würde, sondern weisen in vielen Bereichen stark abweichende und mehrdeutige Resultate auf. Dennoch soll in der Folge auf den Unterricht, der schließlich das Kerngeschäft bei der Frage nach Qualität darstellt, besonders eingegangen werden (vgl. OELKERS, 2003, S.59ff.). Schließlich treffen im Unterricht Lehrer und Schüler, als die zentralen Akteure von Schule aufeinander. Neben der strukturellen Komponente (Mehrebenenmodell) muss auch die dynamisch, prozessuale Dimension (Transformationscharakter) von Eingangsbedingungen in einen Output (fachliche und fachübergreifende Kompetenzen) betrachtet werden.

3.2 Schulqualitätsdimensionen

3.2.1 Unterrichtsqualität

Bei der Betrachtung von Unterricht war lange Zeit die Vorgabe und Ausarbeitung von so genannten Inputs (Lehrpläne, Stundentafeln, fachdidaktische Zielvorgaben, usw.) maßgebend ohne den Blick auf den Output, also die messbaren Ergebnisse von Unterricht zu richten. Die Qualität im Unterricht sollte so vorwiegend über eine Optimierung aller Einflussfaktoren, wie einem entsprechenden Klassenraum oder entsprechend gute, fachlich ausgebildete Lehrer erfolgen. Während früher die Größe der Klasse lange als Einflussfaktor für möglichen Leistungszuwachs von Schülern galt, wird heute eher von einem geringen bis marginalen Einfluss der Klassengröße ausgegangen (vgl. HELMKE & WEINERT, 1997; SCHRADER, HELMKE et al., 2001; SCHWEITZER, 1998, 2001; In: KOHLER, 2005, S.32). Traditionell wurde besonders am Prozess des Unterrichts selbst angesetzt und dieser als „an und für sich" nach normativen Maßstäben beurteilt. Gut war ein Unterricht dann, wenn er bestimmten unterrichtsmethodischen Forderungen gerecht wurde. Stryk (2000) spricht hier von der „Steuerungsillusion" des Systems. Mit der zunehmenden Beachtung der internationalen Vergleichsstudien ergab sich jedoch fast zwangsläufig eine stärkere Fokussierung der Ergebnisqualität von Unterricht. Obwohl die Forschung derartige Untersuchungen immer häufiger in Angriff nimmt kann sie derzeit beispielsweise noch keine Fragen über die Vergessensrate von Schulmathematik bei Schülern beantworten, die Mathematik später wenig oder gar nicht anwenden müssen (gestiegene Bedeutung/ Nachfrage von Längsschnittstudien) (vgl. OELKERS, 2003, S.61). Die Ausgangsfrage zielt hier so eindeutig auf die Praxisrelevanz beziehungsweise die Frage ab, was Schüler tatsächlich ins spätere Leben transferieren und dauerhaft anwenden können. Man muss also in der Betrachtung zwischen kurzfristigen und langfristigen Lernerfolgen unterscheiden. Wie schon bei der generellen Frage nach Schulqualität (vgl. S.11) lassen sich auch in der Unterrichtsforschung zentrale Fragestellungen beschreiben, bei denen es um „guten" Unterricht geht. Fraglich ist:

1. Wofür ist ein guter Unterricht wichtig?
2. Für wen soll es guten Unterricht geben?
3. Was bedeutet guter Unterricht?
4. An welchen Startbedingungen wird guter Unterricht gemessen?
5. Aus welcher Perspektive ist der Unterricht gut?
6. Für wann/ welchen Zeitraum soll guter Unterricht dienen?

Unterrichtsqualität lässt sich neben dem Input- oder Ergebnisorientierten Ansatz auch durch zwei weitere Strategien in der Unterrichtsforschung beschreiben (HELMKE & WEINERT, 1997). Man unterscheidet zwischen einem variablenzentrierten und personenzentrierten Ansatz. Ersterer versucht zunächst verschiedene Merkmale (Variablen) von Unterricht zu identifizieren und diese dann in eine Beziehung mit dem Lernerfolg zu setzen. Obwohl die variablenzentrierte Strategie die gängigere und hauptsächlich eingesetzte Methode von beiden Ansätzen ist, treten zentrale Problemstellungen auf. So verschwindet das einzelne Individuum mit seinen jeweils spezifischen und vor allen mehrfachen Merkmalsvoraussetzungen aus dem Fokus der Betrachtung, stattdessen wird der ganze Unterricht untersucht. Als weiteres immanentes Problem der Korrelationsforschung ist die Beschränkung auf lineare Beziehungszusammenhänge zu nennen, obwohl sich durchaus auch nichtlineare Relationen zeigen können. So ist es zum Beispiel durchaus denkbar, dass die optimale Höhe der Lehrermotivation im Hinblick auf den Unterrichtserfolg nicht an eine obere Grenze gekoppelt ist (linearer Verlauf), sondern in einem ausgewogenen Mittelbereich liegt. Hinzu kommen mögliche Rückkopplungseffekte, die bei sozialen Systemen stets auftreten können.

Die personenzentrierte Strategie versucht zunächst mögliche Unterrichtsexperten ausfindig zu machen, was über Befragungen oder aber direkte Nominationen anderer „Experten“ erfolgen kann. Im Anschluss daran wird versucht eine Analyse beziehungsweise Identifikation von so genannten Erfolgsrezepten der Experten zu leisten, um Schlüsselfaktoren guten Unterrichts einzugrenzen. Diese Vorgehensweise hat jedoch einen stark explorativen Charakter, da es sich um ein höchst kontextuelles Feld handelt, das sich je nach Klasse (Zusammensetzung, Eingangsbedingungen, etc.) verschieden präsentieren kann, so dass eine Verallgemeinerung schwierig erscheint (vgl. HELMKE, 2003, S.20). Weitere Forschungsansätze, wie zum Beispiel die traditionelle Unterrichtsklimaforschung, in der es im Wesentlichen um eine subjektive, perspektivische Einschätzung, z.B. von Lehrer-Schüler Verhältnissen, beziehungsweise um den Interpretationsversuch einer Unterrichtskultur im Allgemeinen geht, bei der alle am Prozess Beteiligten zu Wort kommen, nimmt im Rahmen einer entstehenden Evaluationsbewegung auch im Unterricht wieder an Bedeutung zu, erfährt jedoch weitgreifende Veränderungen durch neue Erkenntnisse in der Evaluations- und Unterrichtforschung.

Um die Frage zu klären wohin eine Qualitätsentwicklung führen soll, beziehungsweise an welchen Methoden sie sich orientieren kann, müssen insbesondere die Zielfunktionen von Unterricht untersucht werden. In der Historie der Unterrichtsforschung hat sich hier ein weites Feld von Zielkonzepten entwickelt. Dies ist vor dem Hintergrund nachzuvollziehen, dass Schule immer ein Teil der Gesellschaft, ein Teil der Kultur und vor allem ein Gebilde des Gesamtstaates, der alles umfasst, widerspiegeln möchte. Das Gemeininteresse oder die intendierten Werte aller Bürger Deutschlands im Sinne der Verfassung sind integraler Bestandteil von Unterrichts-, aber auch Schulzielen. Im Unterricht lassen sich jedoch zwei wesentliche Ziele unterscheiden. Auf der einen Seite kann Unterricht in erster Ebene auf die individuelle Förderung und Entwicklung des einzelnen Schülers ausgerichtet sein. Andererseits kann in zweiter und höherer Ebene jedoch auch die Egalisierung, also die Minimierung von Leistungsunterschieden das Kriterium für eine hohe Unterrichtsqualität darstellen. Insbesondere die PISA-Studie, die eine starke Relevanz zwischen sozialer Herkunft und Bildungschancen diagnostiziert, dürfte den Versuch der Entkoppelung von Leistung und Herkunft fördern (vgl. Helmke, 2003, S.22.; auch schon Helmke, 1988).

Die Einteilung in kognitive und affektive Lernziele stellt ebenfalls eine mögliche Differenzierung dar. Gerade im Bereich des Unterrichtes haben wir es also mit einer weiteren, recht uneinheitlichen Auffassung von Lernzielen zu tun. Aus den Forschungsbemühungen heraus wurde im Laufe der Schulentwicklung immer wieder versucht entsprechende, präzise Unterrichtsziele in Taxonomien aufzustellen. 1956 wurde die bis heute bekannteste Taxonomie von Bloom et al. entwickelt (MIETZEL, 2000, S.403, in HELMKE, 2003). Bloom gibt hierin allgemeine, hierarchisch komplexer werdende Lernziele an (vgl. HELMKE, 2003, S.21). Als aktuell bedeutendste Kategorisierung gilt das Modell von Weinert (WEINERT, 2000, in HELMKE, 2003, S.25). Leicht gekürzt stellen sich die zeitgenössischen Bildungsziele folgendermaßen dar:

1. Erwerb von intelligentem Wissen (lebenspraktisches, vernetztes System von flexiblen Fähigkeiten)
2. Erwerb von anwendungsfähigem Wissen
3. Erwerb variabel nutzbarer Schlüsselqualifikationen
4. Erwerb des Lernen Lernens (Lernkompetenz)
5. Erwerb sozialer Kompetenzen

6. Erwerb von Wertorientierungen (sozial, demokratisch und persönlich)

Im Vergleich zu früheren Taxonomien fallen Begriffe wie Schlüsselqualifikationen oder aber Lernkompetenz auf, die sich im Speziellen auf die noch andauernde Debatte beziehen. Der Ruf nach der Integration dieser Bildungsziele in den Kanon von Schulausbildung aus Sicht der Öffentlichkeit ist gleichermaßen, wie man heute auch allgemein über die Notwendigkeit einer Wissensgesellschaft spricht, angestiegen. In der Unterrichtsforschung werden derlei Forderungen durchaus kontrovers beurteilt. Zwar wird die Notwendigkeit der Schulung dieser Lernbereiche durchaus unterstützt, allerdings wird oft auch von einem sich zu einfach machendem Lösungsschema gesprochen (vgl. REUSSER, 2000; BLK Expertise, 1997; WEINERT, 1998b, etc.; In: HELMKE, 2003, S.24). Ein solider und fachlicher Wissensunterbau ist demnach für den Aufbau von intelligentem Wissen zunächst von entscheidender Bedeutung. Gemeint ist hier stets ein Wissen, dass sich gerade nicht nur auf eine theoretische Abstraktion bezieht, sondern das sich konkret und praktisch einsetzen, variieren und adaptiv erweitern lässt.

Die pädagogische Psychologieforschung sowie die Lern- und Motivationsforschung beschäftigen sich mit dem eigentlichen Kern von Unterricht, dem Lernprozess. Elementare Lern- und Informationsverarbeitende-Prozesse bei Schülern wie auch Lehrern sind in besonderem Maße von Gedächtnisfunktionen und -strukturen abhängig, deren Untersuchung zentrale Aufgabe der genannten Forschungszweige ist. Ebenso scheint zur Unterstützung des Lernprozesses die Motivation eine entscheidende Rolle zu spielen. Bestenfalls ist eine Klasse durch einen hohen Grad intrinsischer Motivation geprägt, hat also Freude am Lernen und am Unterrichtsgegenstand selbst. Weitaus häufiger finden sich jedoch extrinsische, also von außen wirkende Faktoren, wie Noten, Lob, Zuwendung, materielle Anreize, usw. im Unterricht wieder. Die Kenntnis derartiger Funktionsweisen und deren kompetenter Einsatz scheint von wichtiger Bedeutung für eine professionelle Lehrertätigkeit und damit qualitativ hochwertigem Unterricht zu sein.

Ganz ähnlich äußert sich Fend, wenn er von Kindern und Jugendlichen spricht, die „dann mit der größten Wahrscheinlichkeit produktiv (sind), wenn sie aktiv an ihrem eigenen Lernprozess beteiligt sind, wenn sie zu eigenverantwortlichen Gestaltern ihrer Lernwelt werden" (FEND, 1998, S. 57). Fend spricht in diesem Kontext ebenfalls von der besonderen Bedeutung, dass Schüler an etwas Sinnvollem arbeiten sollen (ebd.). Hier wird niemand widersprechen, die Frage ist nur stets mit welchen Bedingungen dies erreicht werden kann. Welche Lernmethode nun im Einzelfall sinnvoll ist, kann wissenschaftlich nur schwer belegt werden. So weist zum Beispiel das BLK Gutachten im Vorfeld der TIMMS-Studie daraufhin, „[…], dass in der alltäglichen Unterrichtspraxis nicht nur ein einziger methodischer Weg zum gewünschten Ziel führt." (BLK, 1997, in HELMKE, 2003, S.24). Ebenso fügt schon Patry 1991 an: „Das Optimum ist von Situation zu Situation unterschiedlich" (PATRY, 1991; In: SPECHT, 1996, S.58.). So lässt sich ein idealer beziehungsweise qualitativ hoher Unterricht letztlich nur durch eine „optimale Synchronisierung von Angebotsmerkmalen und Nutzungsmöglichkeiten von Lernangeboten" (FEND, 1998, S.60) beschreiben, der inhaltlich relativ leer bleibt. Der Inhalt guter Unterrichtsqualität ist demnach immer mit normativen Schlüssen verbunden, die letztlich auf präskriptiven Vorschriften beruhen. Bei Versuchen die Unterrichtsqualität durch Schülermeinungen perspektivisch zu erfassen, wurden überraschenderweise weite Übereinstimmungen mit tatsächlichen Testergebnissen festgestellt. (HOFER, 1982; In: SPECHT, 1996, S.58ff.). Sicher ist die Frage der Validität bei Schülerbefragungen stets zu stellen, dennoch können wertvolle Aufschlüsse über die Rezeption von Lehrerverhalten gewonnen werden (interessant im Hinblick von Evaluationsbemühungen). Bei Befragungen von Lehrern nach wichtigen Unterrichtszielen steht die Verbesserung der Schülerpersönlichkeit weit oben (moralisch-ideeller Bezug). Bei konkreten Fragen zur Umsetzung im Unterricht wurde jedoch gezeigt, dass die Erziehungs- und Persönlichkeitsbildung zugunsten fachdidaktischer Ziele (Lehrplan) weit in den Hintergrund der Bemühungen rückt (HOFMANN, 1995; KLAGHOFER et al., 1987; POSCH et al., 1982; In: Specht, 1996).[15] Hier zeigt sich ein starker Kontrast, der sich sicher auch durch die Bewertungsproblematik von weichen Fähigkeiten ergibt, die eben meist nur situationsspezi-

[15] Beim Blick in Lehr- oder Bildungspläne fällt in der Einleitung oft die Betonung von sozialen Kompetenzen, Verantwortung etc. auf, die sich im Hauptteil im Bezug auf den Unterricht immer spärlicher entdecken lassen.

fisch zu erfassen ist, wogegen sich Sachkompetenz in Tests leicht beurteilen lässt.

Lehrerprofession, entsprechende strukturelle Begebenheiten und Einstellungen in der Interaktion mit den Schülern spielen natürlich auch eine wichtige Rolle für die Qualität von Unterricht. In der folgenden Abbildung soll versucht werden einen Einblick in mögliche Rahmenbedingungen von Unterricht und Schule zu geben:

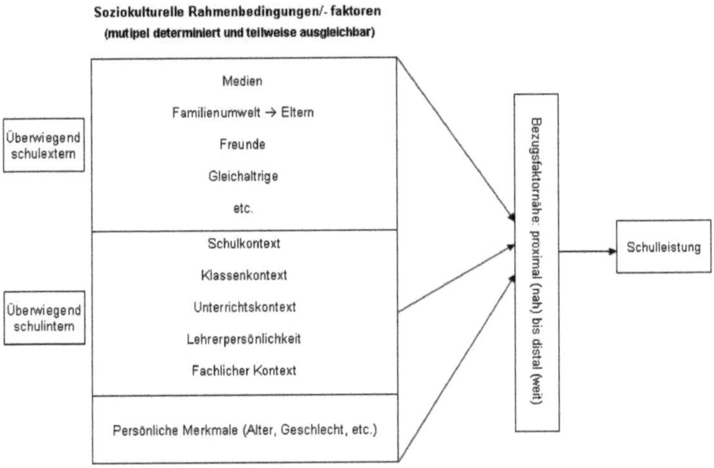

Abbildung 4: Soziokulturelle Rahmenbedingungen/ -faktoren (vgl. Helmke, 2003, S.34).

Für die Qualität im Wesentlichen wichtig sind nun die in der Forschung als primär, proximale Faktoren bezeichneten Einflussgrößen, die einen besonderen (nahen) Einfluss auf die Schulqualität haben (vgl. DITTON, 2000, S.86). Als proximal gelten hier vor allem die Faktoren, die den Unterricht konkret betreffen. (z.B.: quantitative, effektive Lernzeit, Schülermerkmale, Lehrermerkmale, etc.).[16]

Welche Rolle spielt nun die übergreifende Schulebene in Bezug auf den Unterricht und aus welchen Faktoren setzt sie sich zusammen?

3.2.2 Schulgesamtqualität

Welche Faktoren auf Schulebene für die Unterrichtsleistung tatsächlich qualitätsrelevant sind, lässt sich aus Forschungssicht nicht eindeutig klären (vgl. SCHEERENS & BOSKER, 1997; In: HOLTAPPELS, 2003, S.48). So scheinen allgemeine Schulwirkungen, ermittelt zum Beispiel von Fend in seinen Klimaforschungen (FEND, 1998), nur sehr bedingt widerspruchsfrei zu sein, wenn man verschiedene Fächer und Lernbereiche zusammen untersucht. (REYNOLDS et al., 1994; SCHEERENS & BOSKER, 1997; DITTON/ KRECKER, 1995; DITTON, 1997; In: DITTON, 2000, S. 85). Misst man Schuleffekte (hier ist der Zielbereich (kognitive, methodische, soziale Kompetenzen) ebenfalls noch offen) über einen längeren Zeitraum, so ergeben sich schwankende Ergebnisse, was natürlich aufgrund der Koppelung an verschieden unterrichtende Lehrer, verwendete Modelle, etc. einleuchtend erscheint.

Letztlich führen alle diese Überlegungen im Hinblick auf Qualitätsentwicklung zurück zur einzelnen Schule und in den einzelnen Unterricht, der sich spezifisch und adaptiv stets neu in einer sich stetig im Fluss befindlichen Schüler und Lehrer-Interaktion ausrichten muss. Fend kann so in seinen Studien durchaus durch qualitative Interviews und Befragungen sowie aus durchgeführten Stimmungsbildern subjektive Indikatoren für ein gutes Schulklima aufzeigen. Doch ist die konkrete Wirkung auf einen fachlichen oder aber allgemein bezogenen Bildungsbegriff nur schwer oder kaum nachweisbar. Es erscheint ebenso klar, dass im Bereich der gesamten Schule andere, dynamische Gesetzmäßigkeiten bestehen als im Unterricht. Man könnte apostrophieren, dass innerhalb der Schule sozialstrukturelle oder aber sozialpsychologische Kontexte eine größere Rolle spielen als beispielsweise auf der Unterrichtsebene, wo es in Bezug auf das Ergebnis mehr um Lernstrategien und -techniken geht. Welche Rolle nimmt nun die Lehrerpersönlichkeit im Hinblick auf die Qualität im Unterricht ein?

[16] Siehe hierzu auch Metaanalyse Wang, Haertel & Walberg (1993).

3.2.3 Lehrerqualität

Zu hinterfragen gilt es hier zum einen in welchem Maße die Einstellungen des jeweiligen Lehrers beteiligt sind und zum anderen welchen Einfluss er auf die fachlichen Leistungen der Schüler nimmt. Ebenfalls gilt es die Ausbildung und den Entwicklungsstand des einzelnen Lehrers zu berücksichtigen, wenn man die Auswirkungen von spezifischen Voraussetzungen identifizieren möchte. Leider ist die Motivation von Lehrern in Bezug auf Leistungserbringung und Berufsethos im Vergleich zu Schülermotivationsforschungen bisher recht wenig analysiert worden (vgl. HELMKE, 2003, S. 50ff.). Bei Befragungen von Lehrkräften, die sich mit der persönlichen Erfolgsbilanz und ihren Inhalten beschäftigten, nannten die meisten Befragten kaum die erreichten Leistungserfolge ihrer Schüler (29 %), sondern einzelne Erfolgsfälle bei besonders schwierigen Schülern (64%) (vgl. LORTIE, 1975; In: HELMKE, 2003, S.51). Es scheint für Lehrer selbst schwierig zu sein ihre eigenen Fähigkeiten in Bezug zur jeweiligen Klassenleistungen zu setzen. Dies dürfte sich wieder mit der hohen Bandbreite unterschiedlicher Eingangsfaktoren rechtfertigen lassen. Für den Lehrer können oft auch subjektive Theorien oder so genannte epistemologische Überzeugungssysteme ausschlaggebend sein, wenn es um die Einschätzungen des persönlichen Unterrichtserfolgs geht. Diese Theorien und Annahmen unterliegen demzufolge keinen wissenschaftlichen Gültigkeitskriterien, sondern bilden sich meist durch die gesammelten Erfahrungen in der Praxis. Durch die Zunahme von Klassenvergleichen und allgemeinen Evaluationsbestrebungen werden sich in Zukunft jedoch auch hier vermutlich Änderungen in Bezug auf subjektive Erfolgs- und Orientierungsbestrebungen ergeben. Fend geht nach seinen Untersuchungen von einem deutlichen Einfluss der Lehrereinstellung „für die emotionalen Binnenverhältnisse in der Beziehung von Lehrern und Schülern in der Schulklasse“ aus (FEND, 1998, S.352). Dies bestätigen Forschungen zur Lernkultur, die eine positive Auswirkung von Lehrerengagement und -einstellung im Hinblick auf die Förderung von weichen Fähigkeiten (Selbstwertgefühl, Selbstvertrauen, etc.) bei Schülern nachweisen konnten (vgl. TILLMANN, 1999; HOLTAPPELS, 2003). Fend benennt in seinen Studien deutlich die Problematik und die Befürchtung des individuellen Lehrereinflusses auf die Unterrichtsleistung, der sich im deutschen Schulsystem widerspiegelt. So zeichnet sich das System durch einen jahrelang gewachsenen Regelungs- und Steuerungsapparat aus, der den Handlungsspielraum des einzelnen Lehrers erheblich vorgibt beziehungsweise einschränkt. Auf diese Weise verschwimmt das jeweilige Lehrerprofil im Kontext von Bildungsstandards, Lehrplanvorgaben und Lehrmedien und lässt sich analytisch schwer in seiner Bedeutungsrelevanz abbilden.

Für die Qualität von Lehrkräften im Unterricht scheint die Ausbildung, Berufsvorbereitung und -weiterbildung jedoch einen wichtigen Einfluss zu haben. Dies belegen verschiedene Studien, wie sie zum Beispiel von Carpenter (1989), Cobb (1991) oder Cohen (2001) durchgeführt wurden (In: RESNICK, 2005, S.6ff.). So scheint die kontinuierliche Weiterbildung, die Professionalität des Unterrichtes und seine Vorbereitung zu erhöhen. Welche Elemente eine professionelle Lehrerfortbildung im Hinblick auf eine Qualitätsverbesserung der Unterrichtspraxis nach Garet (2001) beinhalten soll, wird in folgender Grafik illustriert.

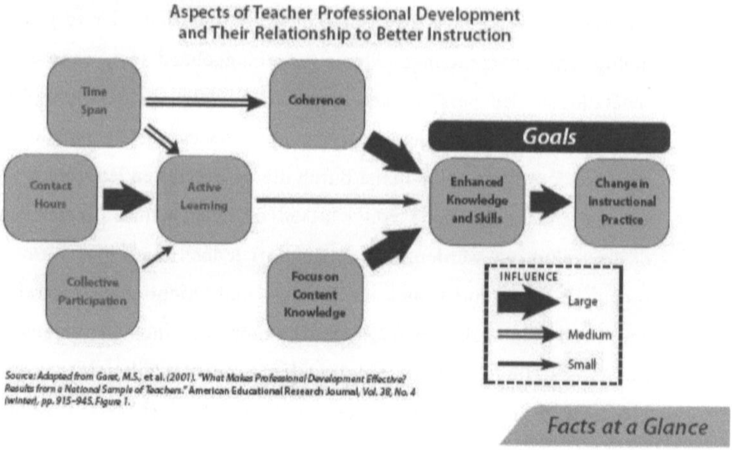

Abbildung 5: Aspekte professioneller Lehrerentwicklung (Garet, 2001).

Nach Lehrerbefragungen sind unterrichtsinhaltliche Fortbildungen (Focus on Content Knowledge) von höchster Bedeutung für die Unterrichtspraxis.[17] Ähnlich hoch wurde die Bearbeitung von bereits subjektiv vorhandenem Wissen und Verhaltensweisen empfunden, die sich auch mit der Lehrerkommunikation untereinander auseinandersetzt (Coherence). Andere Einflüsse wie die Ausdehnung der Fortbildungen über einen längeren Zeitraum, die Länge der einzelnen Fortbildung oder aber die Form der kollektiven Teilnahme von zum Beispiel Lehrern aus der gleichen Schule scheinen nur einen untergeordneten Einfluss auf die konkrete Praxisverbesserung zu haben. Interessant ist hier der Hintergrund anderer Forschungen zu sehen, die die Erstausbildung, die Berufseinführung und auch die institutionalisierte Form der Lehrerfortbildungen als relativ geringe Einflussfaktoren bezeichnen, wenn es um die Schulung von Handlungskompetenzen in Bezug auf den Unterricht geht (vgl. BAUER, KOPKA, 1994; BAUER et al., 1996; In: RÜEGG, 2000, S. 25ff.). Sie verweisen auf den Kompetenzerwerb, der im Wesentlichen am Arbeitsplatz innerhalb der Schule und des Unterrichtes entsteht (ähnliche Studien von HIRSCH et al., 1990 und TERHART et al., 1994). Nach neueren Studien findet der Erwerb von Arbeitskompetenz maßgeblich in den ersten Berufsjahren und meist aus eigenen Bemühungen statt (LARCHER-KLEE, 2002; In: OELKERS, 2003, S. 73). Der Lehrerberuf scheint ein eigenes, genuines Interesse an Professionalisierungsbestrebungen zu beinhalten, das sich schon aus Gründen der Effektivität und eigenen Ressourcenschonung ergibt.

Die soeben aufgeführten Forschungsergebnisse deuten folglich darauf hin, dass es sich um eine noch nicht genau geklärte Relevanzbeziehung zwischen den Auswirkungen der Lehrerbildung und einer Unterrichtsverbesserung handelt. Schon hier kann man jedoch auf den essentiellen Einfluss der Fähigkeit zur Selbstreflexion und dem Willen zur Selbstverbesserung hinweisen, der im Wesentlichen auf einer Mentalitäts- und Einstellungsebene basiert und der neben dem Kooperationswillen einen Schlüsselfaktor zu einem prozessorientierten, höher qualitativem Unterricht darstellt (vgl. HELMKE, 2003, 53ff.).

[17] Dies deckt sich mit Untersuchungen von Reckmann, 1992, der Themenwünsche für Fortbildungen von Lehrern untersucht hat und hierbei an der Spitze fachliche und fachdidaktische Inhalte ausmachte.

3.2.4 Schulführung

Inwiefern das Schulmanagement durch die jeweilige Schulleitung relevante Einwirkungen auf den Unterricht nimmt, ist nur schwer und wissenschaftlich auch wenig untersucht worden. Dies erscheint vor dem Hintergrund, dass die Schulleitung stets nur sekundär am Unterricht oder der Lehrerprofession beteiligt ist logisch. Schuldirektionen zeichnen vielmehr für die internen Schulstrukturen und das allgemeine Schulklima verantwortlich, deren Relevanz für die Unterrichtsqualität nur indirekt einen gewissen, kontrovers diskutierten Einfluss spielt. Für eine Organisationsentwicklung, auf die später noch eingegangen wird, spielt die Schulleitung jedoch eine zentrale Rolle, wie zahlreiche Studien zeigen konnten (GEIJSEL, SLEEGERS, LEITHWOOD & JANTZI, 2002; FULLAN, 2001; In: OSTERMEIER, 2004, S.47ff.).

3.2.5 Zusammenfassung Schulqualität

Versucht man die Dimensionen von Schulqualität strukturell zusammenzufassen, so lassen sich nach Holtappels (1998) und Ditton (2000) bestimmte Strukturierungen vornehmen, die Faktoren innerhalb der Schulebene darstellen sollen:

Bedeutsame Faktoren auf Schulebene		
Schul- und Lernkultur	Lebens- und Erziehungsraum	Kooperation und Partizipation
Gemeinsam akzeptierte, handlungsrelevante und eindeutige Ziele; Einigkeit hinsichtlich der primär zu erfüllenden Aufgabe Organisatorische und pädagogische Leitung Geregelte Zuständigkeiten und Verantwortlichkeiten	Infrastruktur und Räumlichkeiten der Schule Außerunterrichtliche Lern- und Erfahrungsmöglichkeiten Sozialverhalten Normative Erwartungshaltungen	Koordinierter Schul- und Unterrichtsbetrieb Kooperation mit Partnern außerhalb der Schule (Eltern, Administration, Berater,...) Einführung neuer Lehrer Erfahrungsaustausch/ Wissens-Sharing

Personalpolitik und Personalentwicklung	Schulmanagement
Kooperation innerhalb der Schule (Schulleitung-Lehrer-Schüler) Rekrutierung, Sozialisation und Weiterbildung der Lehrer Regelungen der Fort- und Weiterbildung	Leitung und Führung der Schule Eine gemeinsame Vision Geklärte Entscheidungsbefugnisse und Verfahren Geregelte Aufgabenverteilungen

Abbildung 6: Bedeutsame Faktoren auf Schulebene, (vgl. Holtappels, 1998; Ditton, 2000) (eigene Darstellung).

Versucht man nun auch die Eingangsbedingungen und erzielten Wirkungen in ein gemeinsames Diagramm aufzunehmen, ergibt sich nach Ditton (2000) folgendes Bild.

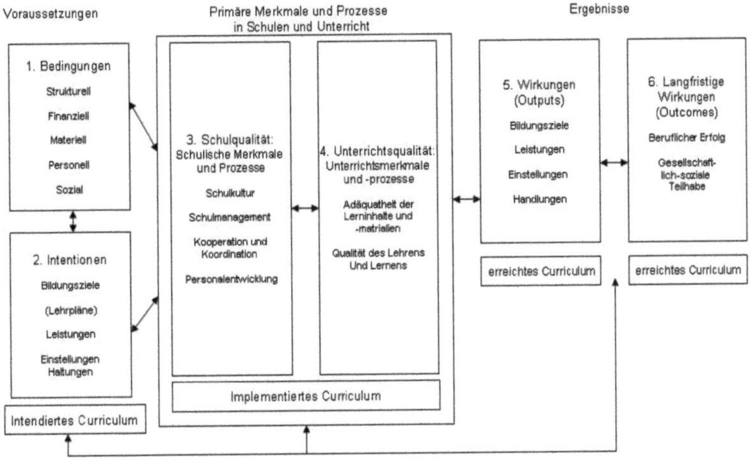

Abbildung 7: Qualitätskontrolle und -sicherung in Schule und Unterricht (Ditton, 2000, S.79).

Dittons Modell beruht im Wesentlichen auf einem Input-Output Schema, dass zum einen die starke Umweltabhängigkeit von Schulen berücksichtigt und zum anderen den eigenen Einfluss von Schule durch die Darstellung von Prozessfaktoren in Schule und Unterricht integriert.[18] Dennoch kann es sehr anschaulich die verschiedenen Parameter im Komplex der Schulumwelt verdeutlichen. Auf dieses Modell bildet Ditton nun die Anforderungen beziehungsweise die Curricula, also Lehrpläne oder Bildungsziele ab, die an das System von außen gestellt werden. Im Folgenden soll nun ein Blick auf verschiedene Konzeptualisierungen von Qualitätsentwicklung und -sicherung in Baden-Württemberg geworfen werden, die die gezeigten Prozessfaktoren mehr oder weniger berücksichtigen. Vorangestellt wird ein kurzer Einschub über Theorien des Wan-

[18] Dieses Modell lässt sich ebenfalls gut mit dem von Scheerens & Bosker vorgelegten Rahmenkonzept für Schulqualität vergleichen, welches in einem ähnlichen Input-Prozess-Output-Verfahren Bezüge von Qualitätskonstrukten offen legt. (vgl. Scheerens & Bosker (1997)).

dels von Erziehungs- und Bildungssystemen, der im Kapitel Reformprobleme noch detailliert besprochen wird.

4. Entwicklung von Qualitätskonzepten

4.1 Wandlungstheorien

Im Kapitel „Die Aktualität der Debatte" wurde von einem stattfindenden Wandel in der Gesellschaft gesprochen. Hier gilt es nochmals zu betonen, dass sich Gesellschaften natürlich stets in einem gewissen Wandel befinden, der nur durch seine Beschreibung eine gewisse statische Relevanz bekommt. Die Analyse von Wandlungsprozessen hat stets mit der Dynamik der sozialen Wirklichkeit zu tun. Kommt man auf die Geschwindigkeit zu sprechen mit der Wandelungsprozesse ablaufen, so ergeben sich in verschiedenen Mikro- und Makroprozessen verschiedene Tempi von Entwicklung, wie wir sie auch in Schulentwicklungsprozessen beobachten können. Welche übergreifenden Faktoren spielen jedoch für den Wandel von Systemen an sich eine Rolle?

Hier lassen sich grundsätzlich drei unterschiedliche Ansätze unterscheiden, die jedoch vermutlich komplementär zusammenwirken (vgl. CHIN/ BENNE, 1969; DALIN, 1986, S. 24.ff.; In: HOLTAPPELS, 2003, S. 97ff.):

- Macht als grundlegendes Mittel und Instrument um mit Zwang oder anderem Druck Veränderungen auszulösen. Fraglich bleibt die Effektivität vor dem Hintergrund der intrinsischen Motivationsforschung.

- Rational-empirische Theorien, die den Menschen als rational handelndes Subjekt ansehen, der aufgrund von objektiven Informationen, Abschätzungen und Kenntnisbildungen zu Wandlungsentschlüssen kommt.

- Normativ-reedukative Theorien sehen den Menschen als abhängig von sozialen Werte und Normensystemen in Organisationen und können durch organisatorische Veränderungen selbst einen Wandel erzeugen. Gemeint ist hier, ein eher weicher Wandel durch Überzeugungssysteme, gekoppelt an strukturelle Veränderungen.

Der erste Theorieansatz könnte man als eher extrinsischen bezeichnen, da hier der Mensch im Wesentlichen als von äußeren Bedingungsfaktoren abhängig und in seiner Veränderung von externem Druck gesteuert wird. Die letzteren Ansätze gehen eher vom Menschen aus, der aktiv auf seine Umwelt reagiert und selbst zu veränderungstragenden Entschlüssen findet. Die Implementationsforschung hat diese internen und externen Faktoren als Druck- und Zug Modell bezeichnet. Für Veränderung ist meist Druck notwendig, der zum einen von außen, also nach ersterer Theorie beispielsweise durch neue Verordnungen, Arbeitszeitregelungen oder etwa Lehrplanänderungen erfolgen kann. Zum anderen muss er jedoch auch von innen vorhanden sein, um mittel- bis langfristige Änderungen zu stabilisieren. Mit Zug sind hier Veränderungen ähnlich der zweiten und dritten Theorie gemeint, die Menschen innerhalb einer Schule aufgrund sozialer Probleme und Notwendigkeit selbst zum Handeln animieren und somit ein Handeln aus Bedürfnissen heraus darstellen. Eikenbusch legte 1998 ein Modell verschiedener Konzepte dar, mit denen Schulqualität oder Schulentwicklung vorangetrieben wird (EIKENBUSCH, 1998; auch HOLTAPPELS, 2003, S.100ff.). Er unterscheidet in:

1. Verordnung von Reformkonzepten
   - Ausgehend von der Bildungspolitik/-verwaltung administrativ geplant und von den Schulen umzusetzen.
   - Hier können entweder Forschungsergebnisse aus der Wissenschaft umgesetzt oder eigene Konzepte verfolgt werden.

2. Adaption von Entwicklungskonzepten
   - Die jeweilige Schule wählt mehr oder weniger autonom für sie entwickelte oder bereits vorhandene Reformkonzepte aus.

3. Reforminitiativen aufgrund von Fortbildung
   - Bei einzelnen Lehrkräften und Schulleitungen als Impulsgeber für Reformen in der Schule vor Ort
   - Von ganzen Kollegien und innerhalb einzelner Schulen

4. Problem- und bedürfnisorientierter Ansatz

- Reformen und Entwicklungsbestreben ergeben sich aus konkreten organisatorischen oder pädagogischen Problemstellungen innerhalb der Schule und werden dort diskutiert und initiiert.

5. Systematische Schulentwicklungsprogramme
    - Ziel ist ein institutioneller Schulentwicklungsprozess der durch systematisierte Verfahren an den Schulen installiert werden soll. Der Einstieg der Schule in ein derartiges Programm kann festgelegt oder dynamisch und flexibel geschehen. Es besteht die Möglichkeit einzelne Schritte zu überspringen oder auszulassen.

6. Schulentwicklung als kontinuierliche Prozessarbeit
    - Es wird davon ausgegangen dass Initiation, Implementation und Institutionalisierung von Schulentwicklungsprogrammen parallel ablaufen und sich gegenseitig beeinflussen beziehungsweise Interdependenzen aufweisen. An Schulen finden so stets kontinuierliche Prozesse von Entwicklung und Veränderung statt, die nun ergebniszentriert ausgerichtet werden können.

Auch hier sind in der Bildungsentwicklung, ähnlich der drei übergreifenden Wandlungstheorien, teils komplementäre oder aber gleichzeitig ablaufende Prozesse zu beobachten. Welche Konzepte von Schulqualität, die den veränderten Bedingungen Rechnung tragen wurden nun im Bereich der allgemeinbildenden Schulen entwickelt? Aus Platzgründen wird hier nur auf Konzepte seitens der verantwortlichen Bildungspolitik (nationale Bundesebene und Baden-Württemberg) eingegangen. Auf die zusätzliche Darstellung von Konzepten „von unten“, also aus Schulen heraus wird verzichtet.[19] Die Diskussion der Reformen im Hinblick auf die reelle Umsetzungsmöglichkeit wird dann im folgenden Kapitel diskutiert. Eine vollständige Trennung zwischen qualitätsfördernden und qualitätssichernden Maßnahmen wird vollständig nicht mög-

[19] Hier (beispielsweise in fast autarken Reformschulen) haben die Leistungsvergleichstudien selbstverständlich ebenfalls Reaktionen und teils Veränderungsprozesse ausgelöst.

lich sein, da es auch hier zu Überlappungen und gegenseitigen Rückkoppelungseffekten kommt.[20]

4.2 Förderung der Qualität

Nach der Veröffentlichung der TIMMS Ergebnisse 1997 wurden von der Kultusministerkonferenz verschiedene Maßnahmen im Hinblick auf eine Qualitätsförderung beschlossen. Ergänzend ist hinzuzufügend, dass die Entscheidungen der Konferenz nicht unbedingt von den einzelnen Bundesländern umgesetzt werden müssen und somit von den jeweiligen Bildungsministerien in den Ländern teils erheblich voneinander abweichende Umsetzungen getroffen werden können. Bei den Beurteilungen der KMK oder Modellprogrammen der BLK handelt es sich somit in den meisten Fällen um Empfehlungen und Einschätzungen von Entwicklungstendenzen. Im Jahr 1997 wurde so zunächst die weitere Teilnahme und Unterstützung an vergleichenden Schulleistungsstudien zugesagt. 1999 wird in einem BLK-Gutachten zur damaligen Zeit folgende Innovationssituation beschrieben[21]:

- Man kann von einem Trend zu Reformen in der Bildungsverwaltung in vielen Bundesländern sprechen, der sich auf den Umbau von Schulverwaltungen beziehungsweise Schulaufsichten richtet und der einen Hierarchieabbau und Dezentralisierungstendenzen beinhaltet.
- Parallel soll die einzelne Schule mehr Autonomie erhalten.
- In einigen Ländern werden Schulprogramme vorgeschrieben und geprüft.
- Schulen sollen zu Evaluationsformen verpflichtet werden.
- Es sollen Unterstützungssysteme zur Schulentwicklung installiert werden.
- Mehr Autonomie verlangt nach mehr Professionalität seitens der Lehrer und der Schulleitung.
- Bereiche von prozessualen Qualitätssicherungssystemen befinden sich noch in der Entwicklungs- und Erprobungsphase.

---

[20] Vgl. Altrichter (2000), Forum Bildung (2001), Wissinger (2000): Qualitätssicherung und -entwicklung werden demnach oft nicht voneinander abgegrenzt (In: Ostermeier (2004, S. 27)).

[21] Bund-Länder-Kommission, Heft 71: Qualitätsverbesserung in Schulen und Schulsystemen. Gutachten zum Programm von Prof.Dr.Rainer Brockmeyer.

Schon hier scheint also eine deutliche Bewegung hin zu forcierten Wandlungsprozessen und Umdenken in der Bildungsentwicklung stattzufinden. Ebenso gewann das im Rahmen der Agenda 21[22] entstandene BLK Programm 21 „Bildung für eine nachhaltige Entwicklung“[23] (1998), das an verschiedenen Modellschulen durchgeführt wurde (verlängert bis 2008) zunehmend an Relevanz in Bezug auf Qualitätsforderungen. So sind instruktives und situiertes Lernen (selbstgesteuerte Prozesse) Bestandteile des Programms. Zugleich gehört eine Programmevaluation und spezifische Lehrerfortbildung zum Kontext des Modellplans. Nach Veröffentlichung der ersten PISA Ergebnisse werden für den Bereich der allgemeinbildenden Schulen vor allem die Einführung von verbindlichen Standards und eine ergebnisoffene Evaluation gefordert. Ebenso soll die Lehrerbildung professionalisiert werden. Gemeinsam ist allen Forderungen der Ruf nach mehr Kooperationsbereitschaft zwischen allen Beteiligten. Ein weiteres Beispiel hierfür lässt sich im SINUS-Modell[24] (Steigerung der Effizienz des mathematisch-naturwissenschaftlichen Unterrichts) der BLK Kommission von 1998 bis 2003 finden, das nunmehr bis Ende 2005 fortgesetzt wird (ca. 730 Schulen).[25] Grundgedanke des Konzepts ist es, mittelfristig die fachliche Kooperation von Lehrern innerhalb eines Schulnetzwerkes zu etablieren und diese langfristig auf Schulverbundsnetzwerke auszuweiten. Bezugspunkt ist hier die Problemlösung und Erarbeitung vor Ort. Parallel erfolgt eine wissenschaftliche Begleitung in lokalen, regionalen und überregionalen Koordinierungsstellen sowie eine begleitende interne und externe Evaluation. In elf Modulen sind zentrale Konzeptcharakteristika formuliert, die den Rahmen der Qualitätsentwicklung darstellen (OSTERMEIER, 2004, S. 9ff; auch Anhang (1)). In jedem ausgewählten Modul erfolgt die Qualitätsentwicklung nach folgendem Muster: Zunächst werden der Optimierungsbedarf und das Problem konkretisiert, dann Lösungen erarbeitet, umgesetzt und auf Wirksamkeit über-

---

[22] Die Agenda 21, wurde auf der Konferenz der Vereinten Nationen über Umwelt und Entwicklung (UNCED) in Rio de Janeiro 1992 beschlossen und eine UNO-Kommission für nachhaltige Entwicklung (CSD) eingesetzt. Ziele und Inhalte sind eine nachhaltige, globale Entwicklung, die Ökonomie, Ökologie und soziale Gerechtigkeit beinhalten.

[23] Online in: http://www.blk-bonn.de/papers/heft94.pdf und http://www.blk-bonn.de/papers/heft123.pdf [18.08.2005].

[24] Entstanden ist das SINUS-Modell als Reaktion auf die TIMMS-Studie an der insgesamt 180 Schulen teilnehmen.

[25] Zu den Modellprogrammen der BLK (SINUS), online: http://www.lisum.brandenburg.de/sixcms/list.php?page=blk_modellprogramme [20.08.2005].

prüft. Durch die begleitende Evaluation (z.B. Akzeptanzbefragungen) ergaben sich insbesondere Schlussfolgerungen auf Problemkonstellationen und Positivindikatoren für die Durchführung von Schulkonzepten (siehe auch Kapitel 6). 2004 legt die KMK ein Dossier zum Bildungswesen in Deutschland vor, indem Entwicklungen der Bildungspolitik bis 2003 skizziert werden. Demnach kommt es in der laufenden Diskussion und Entwicklung zu einer Umorientierung von politisch-administrativen Vorgaben hin zu einer ergebnisorientierten Steuerung des Schulsystems (JONEN, 2005, S.27ff.). Weiterhin wurde zur Entwicklung und Analyse des Bildungssystems die jährliche Erstellung eines gemeinsamen Bildungsberichts aller Länder geplant. Ebenfalls beschloss man bundesweite Bildungsstandards in Deutsch, Mathematik und der ersten Fremdsprache.

Welche Konzepte zur Qualitätsförderung wurden nun in Baden-Württemberg konkret umgesetzt?[26] Die Verantwortlichen für die Bildungspolitik haben sich zunächst auf die im relativen Vergleich mit anderen Bundesländern guten Ergebnisse berufen, die sie auf bereits vorhandene Reformprojekte vor Pisa zurückführten. Dennoch wurde ein Reformbedarf und die zusätzliche Anstrengung der individuellen Förderung von Schülern (Hintergrund ist die aufgedeckte Migrationsproblematik durch die PISA-Studien) sowie speziell im Gymnasium die Reform der Oberstufe, die Stärkung des mathematisch-naturwissenschaftlichen Unterrichts sowie die Begabtenförderung als wichtig angesehen.[27] Schwerpunktthema der Reform ist jedoch die Einführung eines neuen Bildungsplans seit dem Schuljahr 2004/05, der sich im Wesentlichen in drei Ebenen gliedert:

1. Vorgaben mit dem Erziehungs- und Bildungsauftrag der jeweiligen Schulart sowie den Bildungsstandards (Kompetenzen und Kerncurricula)
2. Niveaukonkretisierungen in den einzelnen Bildungsstandards

[26] Zu den Reformprojekten in Baden-Württemberg auch online: http://www.km-bw.de/servlet/PB/-s/zqhydw14icr0txrhtx51wp78k615l8hfo/show/1101334/PISA-E_Reformvorhaben_Internet.pdf [23.08.05].

[27] Oberstufe: Schwerpunktsetzung ist die Vermittlung von Basiskompetenzen (Selbständigkeit, Selbstverantwortung und fundiertes Basiswissen. Im mathematischen/ naturwissenschaftlichen Unterricht: Verstärktes Fortbildungsangebot für Lehrkräfte. Neues Fach „Naturwissenschaft und Technik“ ab 2007/08 für die 8.-10.Klasse; Begabtenförderung: Besondere Arbeitsgemeinschaften mit entsprechender Förderung.

3. Umsetzungsbeispiele, die von Schulen für Schulen erarbeitet wurden.

Differenzieren lassen sich diese Ebenen durch den Grad ihrer Verbindlichkeit. So wird die erste Ebene staatlich durch das Schulgesetz festgelegt, die zweite Ebene konkretisiert die Inhalte der eingeforderten, verbindlichen Niveaubildungen und die letzte Ebene bietet eine freie Auswahl möglicher Umsetzungsperspektiven an.

Wesentliche Kernpunkte des Bildungsplans sind hierbei:

- Gesetzte Bildungsstandards, die festlegen, wann ein Schüler bestimmte Kompetenzen, beziehungsweise Wissen erworben haben muss (siehe auch Kapitel 4.3).
- Die Einführung der „Gleichwertigen Feststellung von Schülerleistungen" (GFS), die die Anzahl der Klassenarbeiten senken und dafür die Möglichkeit geben andere, auch überfachliche Leistungen wie Projektpräsentationen oder Kolloquien als gleichwertig zu bewerten.
- Fächerverbünde, die fächerübergreifendes Lernen ermöglichen sollen.
- Kerncurriculum, das verpflichtend zwei Drittel der Unterrichtsstunden für die Erbringung der Bildungsstandards vorsieht.
- Schulcurricula, die besondere Fächerschwerpunkte enthalten, sollen von der jeweiligen Schule erarbeitet werden (in ca. einem Drittel der Unterrichtsstunden).
- Kontingentstundentafeln, die der jeweiligen Schule selbst die Möglichkeit zur Einteilung der Stunden über die Jahrgangsstufen hinweg geben.
- Einführung von Poolstunden zur freien Verwendung an Schulen.

Speziell im Gymnasium wird mit der Einführung des Bildungsplans auch die Schulzeit auf acht Jahre umgestellt. Im Rahmen einer Übergangsregelung wurden zunächst in den fünften Klassen oben genannte Neuerungen eingeführt, die jede Schule auf weitere Klassen ausweiten kann bis diese im Jahr 2007/08 verpflichtend werden.[28] Die Schulen werden des Weiteren dazu an-

[28] Vgl. auch online in: http://.bildung-staerkt-menschen.de/schule_2004/bildungsplan_kurz/gymnasium [23.08.05].

gehalten Selbstevaluationen durchzuführen, Mittel hierfür sollen bereitgestellt werden.

Interessant im Hinblick auf ähnliche, andere Beschreibungen von Schulqualität (vgl. Österreich) ist der Orientierungsrahmen für Schulqualität, wie ihn das baden-württembergische Landesinstitut für Schulentwicklung (LS) vorstellt. Interessierten Schulen werden Instrumentarien zur Verfügung gestellt, die den Beginn eines Qualitätsentwicklungsprozesses einleiten können. Grundlegend wird Schulqualität hier in folgende Bereiche unterteilt:

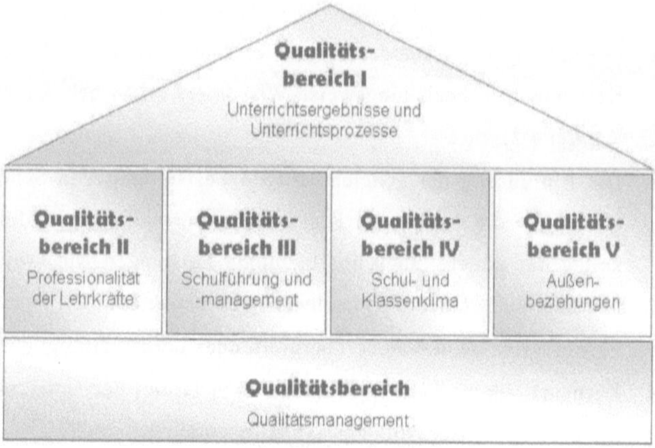

Abbildung 8: Orientierungsrahmen für Schulqualität (Landesinstitut für Schulentwicklung Baden-Württemberg (o.A.).

Diese entsprechen in weiten Teilen ähnlichen Entwürfen aus der Wissenschaft, (vgl. S. 34ff.) werden im Kontext des LS allerdings vor dem Evaluationshintergrund gebraucht. Dennoch lässt sich allein aus der Anlage der Prioritätsfelder, welche den Unterricht als Dach und erstes Qualitätsfeld beschreiben eine Anlehnung an die Bedeutungsfülle des Unterrichtes für die allgemeine Schulqualität ablesen (vgl. S. 23ff.). Eine ähnliche Darstellung, jedoch mit der Anschaulichkeit der unterschiedlichen Vernetzung aller Bereiche bietet folgende Grafik des LS:

Abbildung 9: Orientierungsrahmen für Schulqualität (Landesinstitut für Schulentwicklung Baden-Württemberg (o.A.).

In weiten Teilen entspricht das LS Modell dem österreicherischen Modell „Qualität in Schulen" (Q.I.S.)[29] mit dem Unterschied, dass bei Q.I.S. weniger vom reinen Evaluationsauftrag aus gedacht wird, sondern mehr auf die Entwicklung und Schulung eines allgemeinen Qualitätsbewusstseins Bezug genommen wird. Der Hintergrund für diese Differenz dürfte sicher auch im Auftrag des Kultusministeriums an das LS liegen, sich zunächst nur mit der Evaluationsentwicklung und ihrer Planung auseinanderzusetzen. Das Q.I.S.-Modell, als offene Plattform 1999 vom österreicherischen Bildungsministerium initiiert, versucht eher umfassend zu informieren und bezieht dabei insbesondere seine Nutzer und Anwender mit ein. Diese können in einem angeschlossenen Qualitätsnetzwerk interaktiv online diskutieren und eigene Beiträge und Vorschläge zur Seitengestaltung, usw. einreichen. Als zentrale Säule von Qualitätsentwicklung wird bei Q.I.S. das Schulprogramm einer Schule beschrieben, das als Motor und Träger von Leit- und Entwicklungslinien dienen soll. Schaut man auf die einzelne Verteilung der Qualitätsbereiche im baden-württembergischen Modell so findet sich das Schulkonzept als Unterpunkt im Qualitätsbereich (1) wieder. Das Schulprogramm scheint folglich in den Über-

[29] Vgl. auch online in: http://www.qis.at [24.08.05].

legungen der baden-württembergischen Bildungsplanung eine eher untergeordnete Rolle zu spielen.

Tab.1:Verteilung der Qualitätsbereiche in Baden-Württemberg (Landesinstitut für Schulentwicklung Baden-Württemberg (o.A.).

	Qualitätsbereiche	**Kriterien**
Qualitätsbereiche	**QB I** Unterrichtsergebnisse und Unterrichtsprozesse	**1** Fachliche und überfachliche Leistungen
Qualitäts-management		**I 2** Praxis der Leistungsmessung
		I 3 Gestaltung der Lehr-/Lernprozesse
		I 4 **Schulkonzept**
Kriterium 1	**QB II** Professionalität der Lehrkräfte	**II 1** Kooperation im Kollegium
Konzept der Selbstevaluation		**II 2** Praxis der Weiterqualifizierung
		II 3 Umgang mit beruflichen Anforderungen und Belastungen
	QB III Schulführung und Schulmanagement	**III 1** Führung
Kriterium 2		**III 2** Steuerungskonzept
Grundlagen des schulischen Qualitäts-managements		**III 3** Personalentwicklung
		III 4 Ressourcen
	QB IV Schul- und Klassenklima	**IV 1** Pädagogische Grundsätze
		IV 2 Gestaltung der Lernumgebung
		IV 3 Schulleben
	QB V Außenbeziehungen	**V 1** Zusammenarbeit Schule – Elternhaus
		V 2 Kooperation mit anderen Institutionen
		V 3 Außendarstellung

Betrachtet man die Entwicklung von Schulprogrammen in Deutschland, so sind schon recht früh (ab Mitte der 80er Jahre) an einigen Schulen derartige Konzeptionen im Rahmen der schulischen Leitbilddiskussionen entstanden (vgl. HOLTAPPELS, 2003, S. 163). Von ihrer Funktion her sollen sie Orientierung, Zieltransparenz und Kooperationsgemeinschaft der Schule stärken. Nach dem Q.I.S. Modell müssen insbesondere die Leitvorstellungen der Schule, der Entwicklungsstand und die Ziele, die Maßnahmen zur Zielerreichung sowie ein Aktionsplan zur Umsetzung und Maßnahmen der Überprüfung enthalten sein. Dass ein erfolgreiches Schulprogramm stark von der Akzeptanz der beteiligten Lehrer, Schüler, Eltern, etc. abhängt, konnte in einer Lehrerbefragung im Rahmen des BLK-Modellprogramms „Demokratie Lernen und Leben" belegt werden (DIEDRICH et al. 2004).[30] Vor dem Hintergrund der befragten Schulen (hohe Innovationsfreudigkeit) antworteten zwar drei von vier Lehrkräften, dass das Schulprogramm bei der Qualitätsentwicklung helfe, andererseits misst ihm jedoch nur die Hälfte aller Lehrer Relevanz in Bezug auf das Handeln im Kollegium zu. Nur 30 % aller Befragten sprachen vom Schulprogramm als integralem Bestandteil gemeinsamer Aktivität von Eltern, Lehrern und Schülern. Als alleiniger Impuls und Instrumentarium ohne entsprechende Akzeptanz und Beteiligung scheint das Schulprogramm so kaum für eine wirkungsvolle Reform auszureichen. Dies konnte ebenfalls durch die bisher umfassendste Evaluationsstudie in Nordrheinwestfalen nachgewiesen werden (BURKHARD & KANDERS, 2002; In: HOLTAPPELS, 2003, S.190). Nur 14% gaben an, dass sich die Kommunikation verbessert habe und nur 11% der Befragten sprachen von einer Verbesserung des Zusammenhalts im Kollegium. Für den Unterricht sahen nur 18% eine Nutzenssteigerung. Aufschlussreich sind auch die Umsetzung beziehungsweise Verordnungen zu Schulprogrammen in den einzelnen Bundesländern. Baden-Württemberg gehört zu den Ländern, die erst 2004 das Schulprogramm auch schulrechtlich installierten. Hier kann man von einer Umorientierung sprechen, die vermutlich mit der stärkeren Betonung von Entwicklungsschwerpunkten im Schulprogramm an der einzelnen Schule zu tun hat, die im Rahmen der Qualitätentwicklungsdebatte zunehmend an Gewicht gewinnen. Wie sich später zeigen wird kann das Schulprogramm als verordnetes Instrumentarium per se keine Qualitätssteigerung garantieren, es kann vielmehr einen, aber nicht den einzigen Weg darstellen.

Greift man weitere genannte Kriterien des ersten Qualitätsbereiches des LS, wie die Gestaltung der Lehr- und Lernprozesse heraus, so sollen sich diese durch eine Kombination von handlungszentrierten und lehrerzentrierten Unterricht sowie Projekten gegenseitig ergänzen. Hierfür werden gegenseitige Unterrichtshospitationen und themenorientierte Lerngruppen von Lehrkräften (z.B. Schulcurriculum) organisiert und installiert.

Der Qualitätsbereich (2), in dem die Professionalität der Lehrkräfte diskutiert wird, bezieht sich ausschließlich auf bereits arbeitende Lehrer in der Schule und enthält keine Empfehlungen für die Integration von Berufsanfängern oder

[30] Befragung (n=2532 an 88 Schulen).

die Lehrerausbildung. Zentrale Forderung ist die bereits genannte Kooperations- und Teambereitschaft im Lehrerkollegium. Das in Fortbildungen erworbene Wissen soll verstärkt untereinander ausgetauscht und diskutiert werden, um eine praxisnahe und unterrichtsadäquate Umsetzung im gesamten Fachverband zu erreichen. Nach den Vorschlägen des LS kommt der Schulführung und dem Schulmanagement (Qualitätsbereich (3)) eine besondere Rolle im Entwicklungsprozess zu, da hier Visionen und Perspektiven entwickelt werden sollen, die vor allem den Bedingungen der Transparenz und dem realitätsorientierten Bezug auf ihre Umsetzung Genüge leisten müssen. Die Rede ist auch von einem professionellen Krisenmanagement und der Aufforderung zwischen entsprechendem Druck auf die in der Schule Beschäftigten und entsprechender Akzeptanz der Entwicklungshilfe einen kompromissfähigen Weg der Verbesserung zu finden. Hierzu gehört ein entsprechendes Steuerungskonzept, das die Verwaltungs- und Organisationsabläufe, wie z.B. die Durchführung von Konferenzen optimiert und einen stetigen Informationsfluss zwischen den einzelnen Systempersonen gewährleistet. Gemeint ist hier schlussendlich, dass die Schulleitung für die herrschende Kultur oder das Klima einer Schule in Bezug auf die Beschäftigen eine besondere Verantwortung trägt. Dies soll sich beispielsweise auch in einer so genannten „Feedbackkultur" (zur Verordnung von Kulturen siehe Kapitel 7) niederschlagen, in der rein ergebnisorientiert gehandelt und offen kommuniziert wird und in der Konstruktivität und Kooperation maßgeblich sein sollen.

Im vierten Qualitätsbereich wird nun auch das gesamte Schul- und Klassenklima angesprochen, das stark von der Schulleitung abhängt, in dem es aber auch entscheidend auf das Engagement der beteiligten Akteure in der Schule, also Lehrer und Schüler ankommt. Hier spielen sowohl materielle Ausstattungsformen der Schule und Unterrichtsräume eine Rolle als auch ein entsprechendes Schulumfeld in Bezug auf geregelte Umgangsformen und eine positive Lernatmosphäre. Die demokratische Beteiligung der Schüler an der Schulentwicklung soll in Schülergremien, wie der SMV unterstützt werden. So soll die SMV in die geplante Entwicklung der Schulcurricula aktiv einbezogen werden. Auch die Eltern werden im Qualitätsbereich fünf der Außenbeziehungen einer Schule genannt. Sie sollen in Zukunft stärker eingebunden werden um Synergien zu nutzen und so eine ganzheitliche Förderung der Schüler sicherzustellen. Auch die Öffentlichkeitsarbeit und der Kontakt mit Betrieben oder anderen Arbeitgebern könne professionalisiert und erweitert werden. Hierzu gehört nach den Plänen des LS auch ein wirkungsvoller Auftritt der Schulen im Internet, in dem das jeweilige Schulprofil mit seinen spezifischen Attributen abgerufen werden kann. Das Qualitätsmanagement als umgreifender Begriff für Schulentwicklung steht im Konzept des LS im Besonderen für eine zunehmend bewusstere Steuerung von Handlungsabläufen. So ist der Begriff des „Managens einer Sache" immer vor dem Hintergrund der aktiven, steuernden Beeinflussung und Lenkung eines Prozesses zu verstehen.

Welche Maßnahmen betreffen nun neben den genannten Forderungen und Entwicklungsbestimmungen der Bildungspolitik speziell die Qualitätssicherung?

4.3 Sicherung der Qualität

Der Begriff der Qualitätssicherung, der ursprünglich aus der industriellen Produktion stammt und über die Entwicklung von internationalen Normenreihen (ISO 9000) bis zum Konzept des Total Quality Managements (TQM) für das kontinuierliche Bemühen um Qualität steht hat sich ab Mitte der 90er Jahre hin zum allgemeinen Sprechen über ein Qualitätsmanagement entwickelt. Das Management oder eher die Sicherung von Qualität im deutschen Schulsystem war früher insbesondere die implizite Aufgabe der Schulaufsicht, die Schulen, Lehrer und deren Leistungen zu überprüfen hatte. Ihr standen im Prinzip keine oder nur sehr wenige systematische Evaluationsmethoden oder Vergleichsmaßstäbe zur Verfügung, die sie als zuständige Institution für Qualitätssicherung hätte nutzen können. In anderen Ländern wie beispielsweise in England, der Schweiz oder den Niederlanden werden zum Vergleich schon seit Jahren unabhängige, teils externe Experten zur Überprüfung von Schulleistungen herangezogen. Im Folgenden gilt es nun die installierten oder geplanten Sicherungssysteme in unserem Schulsystem, wie die Festlegung von Bildungsstandards, das allgemeine Bildungsmonitoring und die interne oder externe Evaluation zu diskutieren.

Nationale Bildungsstandards, wie sie bereits angesprochen wurden, formulieren vor allem die Anforderungen an das Lehren und Lernen in der Schule indem sie Kompetenzen definieren und festsetzen, die die Kinder und Jugendlichen in der jeweiligen Jahrgangsstufe zu erfüllen haben. Sie erfüllen zwei wesentliche Funktionen, nämlich zum einen die Orientierung an konkrete, verbindliche Ziele (Qualitätsentwicklung) und zum anderen können mit ihnen Lernergebnisse in Testverfahren erfasst und kontrolliert werden (Qualitätssicherung durch Rückmeldung). Die Einführung der Bildungsstandards steht für die bereits angesprochene Entwicklung der Bildungssteuerung über Inputs (Haushaltspläne, Rahmenpläne, Abschlussprüfungen, Klassenarbeiten, Fortbildungen oder die Schulaufsicht), die früher die Qualität sichern sollten, hin zu einem outputorientierten System das den Leistungsstand oder eben den Bildungsstandard abrufen kann. Wie kam es zu einer solchen Umorientierung?

In der Ergebnisauswertung der Schulleistungsvergleiche stellte man eine große Bandbreite unterschiedlicher Leistungsniveaus zwischen den Bundesländern, aber auch zwischen einzelnen Regionen und Schulen fest, denen man durch die Formulierung national einheitlicher Standards entgegnen wollte. In einer Expertise zur Einführung von nationalen Bildungsstandards wurden 2003 vom Deutschen Institut für Internationale Pädagogische Forschung (DIPF) in einer Expertengruppe, an der ein Großteil der renommiertesten deutschen Bildungsforscher interdisziplinär beteiligt waren, Charakteristika „guter“ Bildungsstandards formuliert. Demnach kommt es auf folgende Punkte an:[31]

- Fachlichkeit: Bildungsstandards sind jeweils auf einen bestimmten Lernbereich bezogen und arbeiten die Grundprinzipien der Disziplin beziehungsweise des Unterrichtsfachs klar heraus.
- Fokussierung: Die Standards decken nicht die gesamte Breite des Lernbereiches beziehungsweise Faches in allen Verästelungen ab, sondern konzentrieren sich auf einen Kernbereich.
- Kumulativität: Bildungsstandards beziehen sich auf die Kompetenzen, die bis zu einem bestimmten Zeitpunkt im Verlauf der

[31] In: Klieme, (2003, S.18) ausführlich diskutiert.

Lerngeschichte aufgebaut worden sind. Damit zielen sie auf kumulatives, systematisch vernetztes Lernen.

- Differenzierung: Die Standards legen aber nicht nur eine „Meßlatte“ an, sondern differenzieren zwischen Kompetenzstufen, die über und unter beziehungsweise vor und nach dem Erreichen des Mindestniveaus liegen. Sie machen so Lernentwicklungen verstehbar und ermöglichen weitere Abstufungen und Profilbildungen, die ergänzende Anforderungen in einem Land, einer Schule, einer Schulform darstellen.
- Verständlichkeit: Die Bildungsstandards sind klar, knapp und nachvollziehbar formuliert.
- Realisierbarkeit: Die Anforderungen stellen eine Herausforderung für die Lernenden und die Lehrenden dar, sind aber mit realistischem Aufwand erreichbar.
- Verbindlichkeit für alle: Sie drücken die Mindestvoraussetzungen aus, die von allen Lernern erwartet werden. Diese Mindeststandards müssen schulformübergreifend für alle Schülerinnen und Schüler gelten.

Ob die in Baden-Württemberg eingeführten Standards diesen Leitforderungen entsprechen kann hier nicht geklärt werden, angefügt werden muss jedoch, dass seitens des baden-württembergischen Bildungsministeriums keine Erkenntnisse aus dieser Expertise einfließen konnten, da bereits Anfang 2003 die Inhalte des Bildungsplanes und damit auch der Standards festgelegt wurden. Generell wird dem Instrument der Bildungsstandards oft die Reduzierung von eigentlichen Bildungszielen durch einen vorgegebenen Minimalstandard vorgeworfen, der zu einer Vereinheitlichung und Nivellierung führen könne, da man nicht mehr auf individuelle Umweltbedingungen und Voraussetzungen Rücksicht nehme. Dennoch werden Bildungsstandards von einer breiten Mehrheit der Bildungsexperten unterstützt.[32] Aussagen über das bestehende Kompetenzniveau der Schüler können nun von unterschiedlichen Systemen getroffen

[32] Zur Notwendigkeit von Bildungsstandards vgl. ausführlich ebd. S.46-55.

werden. Eigentlich lässt sich unter dem Begriff der Evaluation, also der „systematischen Untersuchung und Überprüfung des Wertes und Nutzens eines Gegenstands“ (JOINT COMITTEE 1994, S.3; In: HOLTAPPELS, 2003, S.201) auch der des Bildungsmonitorings[33] subsumieren. Es kann weiterhin zwischen internen Evaluationen innerhalb einer einzelnen Schule oder eines Systems und einer externen Überprüfung durch begrenzt unabhängige Institute o.ä. unterschieden werden. Auch die internationalen Vergleichsstudien, wie zum Beispiel die PISA Studie stellen durch ihren Large Scale Assessment (LSA) Charakter besondere Formen von Evaluationen dar, die sich durch ein höchst komplexes Untersuchungsdesign und entsprechend aufwendige Methodik auszeichnen. Gemeinsam sind ihnen verschiedene Arten von Testverfahren (unabhängig ob intern oder extern), die in der Klieme Expertise[34] wie folgt beschrieben werden:

1. Überprüfung der Kompetenzmodelle (Bildungsstandards)
2. Systemmonitoring über verschiedene Instrumentarien auf der Ebene von Ländern aber meist nicht auf Ebene der Einzelschule
3. Schulevaluation an einzelnen Schulen mit Tests und anderen Verfahren zur Reflexion der eigenen Praxis im Hinblick auf die gestellten Ziele
4. Individualdiagnostik und Förderung einzelner Schülerinnen und Schüler durch den Einsatz von Tests im pädagogischen Alltag

Die Intention liegt so neben der Leistungsstandmessung insbesondere in der Hoffnung, dass sich Rückschlüsse durch die Auswertung von Evaluationen ergeben die schließlich zu einer prozessualen Verbesserung führen. Dieses Prinzip könnte man als Lernen durch Erfahrung bezeichnen.

In Baden-Württemberg sind bis zum jetzigen Zeitpunkt Evaluationsmodelle vorwiegend im freiwilligen Bereich an Schulen genutzt worden. Dies geschah vornehmlich im Bereich von Modellprojekten die jeweils auch evaluiert wurden. Als eines der ersten Beispiele wäre hier der baden-württembergische Modellversuch Evaluation von Schlüsselqualifikationen (ESQ) zu nennen, der im

---

[33] Von einem Bildungsmonitoring ist oft im Hinblick auf ganze Systeme (wie beispielsweise das Bildungssystem) und zu einem aktuellen Zeitpunkt die Rede; nach Klieme fällt das Monitoring in den Aufgabenbereich von zentralen Agenturen, Evaluation dagegen sollte von den Schulen ausgehen (ebd. S.87).

[34] Vgl. ebd. S.69/69, zum genaueren Überblick über den Bereich von Schulevaluation empfiehlt sich Holtappels (2003, S.203ff.).

Rahmen des allgemeinen BLK Programms zur Qualitätsverbesserung in Schulen (QUISS)[35] durchgeführt wurde und an dem von 2000 bis 2002 elf Schulen im Land beteiligt waren. Ab Februar 2005 hat in Baden-Württemberg die so genannte Startphase der Selbstevaluation begonnen, die wissenschaftlich begleitet wird. Im Rahmen dieses Projektes wurde eine dementsprechende Internetseite gestaltet, die allen interessierten Schulen offen steht.[36] In den ersten zwei Jahren soll der Versuch ausschließlich an ausgewählten Pilotschulen stattfinden, die prozessbegleitend vom Landesinstitut für Schulentwicklung (LS) sowie durch ausgebildete Prozessbegleiter an den Schulen unterstützt und betreut werden. Kern des Projektes ist zum einen die Selbstevaluation an den Schulen, die im Rahmen der Erstellung eines Schulportfolios dokumentiert werden soll und zum anderen die Fremdevaluation des LS, die jedoch als freiwillige Zusatzoption offen gelassen wird und erst im Anschluss an die Eigenevaluation der Schulen erfolgt. Maßgebliche Orientierung für die Evaluationsbereiche sind die im vorherigen Kapitel genannten Qualitätsbereiche. Mittelfristig wird das Instrument der Evaluation an allen Schulen in Baden-Württemberg installiert. Inwiefern hier jedoch Evaluationsschulungen von Lehrkräften stattfinden werden, ist noch weitgehend ungeklärt. Insgesamt wird zurzeit eher auf Angebote durch Experten gesetzt, die die Schulen bei Interesse einfordern können. Für die Umsetzung an den Schulen sind diese jedoch im Prinzip selbst verantwortlich, so dass sich hier ein längerer Prozess abzeichnen dürfte bis sich Evaluationsinstrumente an allen Schulen durchsetzen und effizient, aber vor allem sinnvoll eingesetzt werden.

Welche Grundproblematiken bei dem Versuch der gesteuerten Einflussnahme auf komplexe Systeme, wie dem der Schule auftreten und welche Rolle der Begriff der Lernenden Organisation dabei spielt, wird im Folgenden stark reduziert diskutiert und schließlich in Bezugnahme auf reale Durchführungskonstellationen konkretisiert.

---

[35] Von 1999 bis 2004 durchgeführtes BLK Programm in 14 Bundesländern und ca. 200 Schulen.

[36] Zur Evaluation gesamt: http://www.evaluation-bw.de , zur Selbstevaluation: http://www.eis-bw.de , zu Diagnose und Vergleichsarbeiten http://www.quasi-bw.de [01.09.2005].

5. Systemkomplex Schule - Grenzen von Entwicklung

Schule stellt als solche ein System dar, das man selbst als ein Subsystem unserer Gesellschaft mit zahlreichen weiteren, eigenen Subsystemen bezeichnen könnte. Entscheidend ist, dass es sich um ein soziales System handelt, dass sich durch eine besondere Dynamik und Komplexität auszeichnet. Triviale Systeme, wie man sie vor allem in der Technik findet basieren dagegen meist auf einem Ursache-Wirkung-Prinzip. Nach diesem Prinzip wurde lange auch in der Bildungspolitik vorgegangen und so war es zum Beispiel früher die konkrete Aufgabe der Schule eine Allgemeinbildung zu vermitteln. Heute sind die Aufgaben von Schule weitaus schwieriger zu bestimmen beziehungsweise können nicht konkret benannt werden. In den Systemtheorien, die sich seit Mitte des 20. Jahrhunderts entwickelt haben geht es im Wesentlichen um den Versuch die Komplexität von Systemen sichtbar zu machen und durch nötige, ebenfalls komplexe Erklärungsmodelle zu deuten. Durch welche Charakteristika zeichnen sich nun komplexe Systeme, wie das von Schule aus?

- Keine lineare Vernetzung der Systemteile, stattdessen multiple, teils hochgradige Vernetzung
- Operative Geschlossenheit (keine wirksame Steuerung/ Organisation von außen möglich)
- Durchlässigkeit zu anderen Systemen (es findet ein stetiger Informationsfluss und Austausch über Systemgrenzen hinweg statt)
- Systemgrenzen sind schwer zu definieren (gehören beispielsweise Eltern zum System Schule?)
- Trägheit des Systems (die Änderung vieler Systemparameter führt zu geringen Veränderungen)
- Beinhaltet teils verschachtelte kulturelle Regeln und soziale Prozesse
- Zeichnen sich durch Intransparenz aus (wir können die Ordnung, oder einzelne Merkmale nie genau erfassen)
- Es sind besondere, sensitive Druckpunkte vorhanden (Kontextsensibilität)
- Selbstreferentialität (um so größer Systeme sind, um so mehr sind sie mit sich selbst beschäftigt)

- Rückkoppelungseffekte treten auf (positive, negative, indifferente oder zeitlich verzögerte)
- Autopoiesis (Selbstreproduktion eines Systems, oberstes Ziel ist die eigene Erhaltung)[37]
- Polytelie (explizite und implizite Ziele, die sich teils widersprechen)
- Entwicklung ist tendenziell offen und unbestimmt (Unmöglichkeit der Vorhersage)
- Ganzheitlichkeit (einzelne Teile können nicht das Ganze kontrollieren)

Angesichts dieser Merkmale scheint der lange vorherrschende Glaube, man müsse ein auftretendes Problem nur soweit in immer kleinere Einzelteile zerlegen und für jedes eine Einzellösung finden als utopisch. Der Mensch, der sich in Systemen aufhält und selbst ein komplexes Systemgebilde darstellt wird bei dem Versuch Strukturierungen herzustellen in der Regel weit überfordert, da er eher das lineare und kausale Denken bevorzugt und somit beispielsweise exponentielle Entwicklungsmuster oder ganze Kausalketten nicht in seine Erwägungen mit einbezieht. Man könnte bei sozialen Systemen annehmen, dass wir es mit vollständig chaotischen Gebilden zu tun haben, in denen es zu wahl- und sinnlosen Handlungsabläufen kommt. Für die Chaoswissenschaft[38] stellt der Begriff des Chaos jedoch letztlich nur die Bedeutung einer Komplexität dar, die nicht exakt steuerbar oder erklärbar ist. Innerhalb von Systemen lassen sich jedoch zum einen so genannte Replikatoren, also Wiederholungseffekte von symbolisch codierten Informationen (z.B. kulturelle Regeln) ausmachen, die ihre potentiell unbeständige Welt ständig aufs Neue sinnhaft erzeugen und konstituieren. Zum anderen kommt es zu einer stetigen Wechselwirkung von Interaktoren, die durch die oben beschriebenen, codierten Informationen interaktiv verbunden sind und gegenseitige Rückkoppelungen mit nichtlinearen Wechselwirkungen erzeugen (soziale Prozesse) (KAPPELHOFF, 1999).

[37] Ein Beispiel für die Selbsterhaltung des Schulsystems könnte man in der Historie der Schulreformentwicklung sehen, in der oft Modellkonzepte und Reformpraxis, wie z.B. in freien Schulen für den allgemeinen Schulbetrieb mehr oder weniger abgeblockt werden, so dass systematische Lernentwicklung unmöglich wird. (vgl. auch Herrmann, 2004).

[38] Die Chaostheorie beschäftigt sich speziell mit nichtlinearen, dynamischen Systemen.

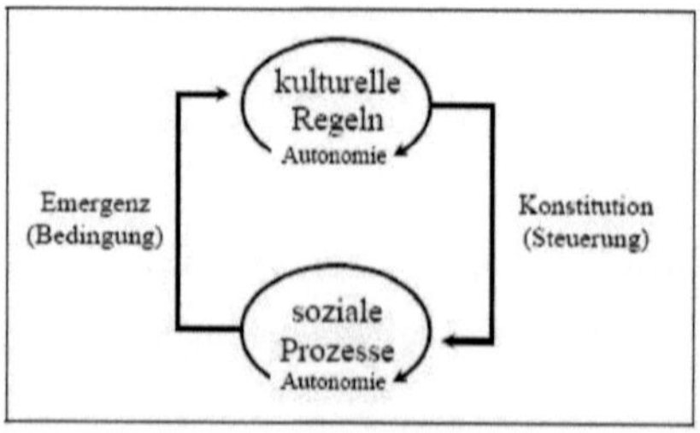

Abbildung 10: Regeln und Prozesse als Elemente eines soziokulturellen Systems. (Kappelhoff, 1999, S.8).

Man kann in chaotischen, also überkomplexen Systemen durchaus bestimmte Entwicklungstrends diagnostizieren, die verschiedene Geschwindigkeiten und Intensitäten aufweisen. Hier setzt die Komplexitätstheorie (KT) ein, die sich aus der Chaostheorie entwickelt hat und sich mit den Prozessen von Ordnungsbildung in potentiell chaotischen Welten auseinandersetzt. In mehr oder minder stabilen Systemen, wie z.B. dem Schulsystem stellt sich über Jahre hinweg ein so genanntes Fließgleichgewicht ein, indem eine ständige Angleichung von Störgrößen stattfindet. Diese Ordnungszustände stellen ein prekäres Gleichgewicht zwischen Ordnung und Chaos dar und werden auch als „Edge of chaos" (vgl. MCKELVEY, 1999), also als Zustand am Rande des Chaos beschrieben. Nach Luhmann zeichnet sich das Erziehungssystem in unserer Gesellschaft durch eine relativ hohe Resistenz gegenüber Fluktuationen aus und lässt sich noch am ehesten von den Massenmedien beeinflussen, da Schüler und Lehrer ihr Weltwissen von dort beziehen (vgl. LUHMANN, 2002, S.135). Die Kräfte, die einem System früher oder später eine gewisse Richtung geben können, werden in der Wissenschaft auch als Attraktoren bezeichnet. Deren Identifikation im Schulsystem fällt jedoch schwer, wie sich in den vorherigen Kapiteln gezeigt hat. Was man nun in den letzten Jahren beobachten konnte, war ein ungeheuer großer Druck, der von außen auf das System Schule mit all seinen Beteiligten ausgeübt wurde. Die PISA – Studie mit ihren weit reichenden Folgen stellt da nur ein Beispiel dar, das letztlich ein Signal eines Widerspruchs zwischen dem Soll-Zustand von Schule (Vision, Zielvorgabe, Idealvorstellung) und dem Ist-Wert (z.B. Schülerleistung, etc.) in öffentlich wahrnehmbare Formen gepresst hat. Welche Reaktionen lassen sich nun bei starkem Systemdruck oder „Systemfieber“ (LUHMANN, 2002, S.68) feststellen?

Zum einen kommt es aus der Sicht der Beteiligten zu starken Irritationen, die im speziellen mit der Besonderheit von Unterricht, Erziehung und Bildung zusammenhängen. So hat das Schulsystem (als sinnkonstituiertes System) mit einem stetigen Wechsel von Sinnformen zu tun, die durch eine immanente Unsicherheit über die Richtigkeit des eigenen Handelns und Tun's charakterisiert sind, da dem Einzelnen Systemwirklichkeiten stets nur über komplexitätsreduzierende Ausschnitte bewusst werden. So können beispielsweise die dem Unterricht zugrunde liegenden Kausalitätsbeziehungen wie Funktion, Sinn, Attribution und Kausalität nicht vollständig definiert werden. Im Grunde genommen ist der Unterricht nach Luhmann selbst nicht definierbar (LENZEN, 2004, S. 72). Es besteht eine Rationalitätsskepsis bei der Unterrichtstätigkeit, die mit der eigenen Unsicherheit der unterrichtenden Lehrer zu tun hat, die sich die Frage stellen, inwieweit ihre Handlungen tatsächlich die vor ihnen sitzenden 30 „black-boxes“ positiv oder überhaupt effektiv beeinflussen können. Schüler sind wie alle Menschen eben keine Trivialmaschinen bei denen bei einer bestimmten Codeeingabe das gewünschte Ergebnis herauskommt. So ist der bestimmbare individuelle Lernerfolg des Schülers im Hinblick auf die Form des geleisteten Unterrichts zwar tatsächlich unverfügbar, jedoch gibt es durchaus Referenzen zwischen Unterrichtsmerkmalen und Lernarrangements, die allerdings schwer und nicht definitiv bestimmbar bleiben.

Andere Kennzeichen von Systemdruck sind eine zu beobachtende Abnahme der Selbstreflexion und der Stereotypisierung von Umweltzusammenhängen. So tauchen schnell persönliche Erklärungsversuche auf, die letztlich unbestimmte pädagogische Ideologien wie die Förderung von Individuen, Chancengleichheit, die Förderung der Schulklasse oder ähnliche Handlungsmotivationen Einzelner enthalten. Lenzen spricht hier von einer „Inflation des Wahrheitsmediums Sinn“ (LENZEN, 2004, S. 68), die bei starkem, äußerem Druck entsteht. Diese Tendenzen sind auch in anderen Bereichen wie beispielsweise der Politik zu beobachten, in der bei Überforderung von Erkenntniszusammenhängen ähnliche Reaktionen zu beobachten sind. Wird der Einzelne oder das System unter Druck gesetzt, so sind oft auch übereilte und vorschnelle Handlungsschritte zu beobachten, für die eine erhöhte Risikobereitschaft und

Tendenz zu teils voreiligen Brüchen mit mehr oder weniger bewährten Handlungsnormen bezeichnend sind. Beispielhaft hierfür sind unausgereifte Reformkonzepte, die meist kaum umsetzbar und von großen Mehrheiten vor Ort letztlich abgelehnt werden. Versprechungen, die angeblich die große Wahrheit enthalten werden oft ohne realistische Einlösegarantie hoch gehandelt und gehen mit einer zunehmenden Entkonkretisierung von Zielen überein. Inwiefern sich symbolische, regulative Eingriffe der Bildungspolitik auf der Seite, der in der Schule Handelnden auf die Unterschiede im jeweiligen Erziehungserfolg auswirken, bleibt jedoch ungeklärt. Interessant ist die These Luhmanns, dass das Erziehungssystem ja zum einen stets eine Autonomie in Bezug auf Interventionen seitens der Politik fordert zum anderen jedoch schon allein aus Legitimationsgründen an den Einfluss und die Interaktion mit dem politischen System als gesellschaftswiderspiegelndem Objekt angewiesen ist. Im Hinblick auf diesen Diskurs zwischen Politik, Bildung und Erziehung ist der Ruf nach Reformen kein neuer. Die immanente Inkonsistenz von für den Menschen nachvollziehbarer Logik im Bereich sozialer, interaktiver Systeme bedingt geradezu den Versuch der stetigen Reform und den Wunsch nach ständiger evolutionärer Adaption unzureichender Strukturierungen an sich ändernde Umweltbedingungen. Nach Luhmanns Eindruck kommt es im Prinzip zu einer Selbstgenerierung von Reformen, die die Entwicklung von Schule seit ihren Anfängen begleiten (vgl. LUHMANN, 2002).[39] Die tatsächliche Entwicklungsgeschwindigkeit lässt sich jedoch mit Haenisch treffend beschreiben: „Schools change slower than churches" (HAENISCH, 1991).

Welche Möglichkeiten der Systemintervention und der Erkennung von positiven Attraktoren bleiben? Zunächst ist es unerlässlich eine möglichst genaue Beschreibung und Erklärung der Systemteile und Systemschnittstellen vorzunehmen, die auf jeder Ebene nach anderen Gesetzesmäßigkeiten und Dynamiken funktioniert, um eine geeignete Strategie zu entwickeln. Wenn man Kommunikation als zentrales Instrument eines sozialen Systems aufgreift, gilt es zunächst deren Regeln und Abläufe sichtbar zu machen (vgl. Abb.10). Da wir es, wie bereits angesprochen im Schulsystem, mit einem autonomen, operativ geschlossenen System zu tun haben muss jede Form der Intervention in den

[39] So wurde beispielsweise schon 1965 die Bildungskatastrophe ausgerufen (vgl. auch Oel-

Formeln und Codes des jeweiligen Systems formuliert werden (vgl. beispielsweise nach Interventionsregeln von SENGE, in WILLKE, 1999, vgl. Anhang (2)). Man hat im Laufe der Zeit erkannt, dass eine Organisation des Systems letztlich nur wirksam ist, wenn sie vom System selbst ausgeht. So haben sich aus den Anfängen und Modellen der Systemtheorie, wie auch aus der Handlungstheorie[40] eigenständige Theorien des organisationalen Lernens[41] oder der Lernenden Organisation[42] herausgebildet in der die Selbstorganisation als wichtigstes Prinzip gilt. Dieses Prinzip findet grundsätzlich im Autonomisierungsprozess der Einzelschule seinen Eingang in die Schulentwicklung.[43] Neu am Lernbegriff dieser Theorien ist die Abkehr vom Stimulus-Response Ansatz hin zu einem Lernverständnis, dass als Prozess der reflexiven Auseinandersetzung mit dem Umweltsystem verstanden wird und das sich insbesondere mit der Veränderung der kognitiven Strukturen einer Organisation und ihrer spezifischen Interpretation ihrer Systemumgebung auseinandersetzt. Ein spezifisches Dilemma des organisationalen Lernens stellt der häufige Widerspruch von Effektivität und Effizienz dar. Beispielsweise können innerhalb der Schule durch Projektteams äußerst effektiv Lernerfolge über Systemstrukturen erzielt werden. Die tatsächliche Lerneffizienz, also die Umsetzung des Gelernten ist aus anderer Zeit- oder Ressourcenbindung jedoch oft meist erschwert. Als Folge dieser Problemstellung haben sich Modelle mit losen Koppelungsstrukturen entwickelt, bei denen sich netzwerkartige, autonome Einheiten durch gemeinsame Ressourcennutzung zu höheren Effizienzergebnissen zusammenschließen. Bekannt ist diese Entwicklung als Netzwerktheorie, die mittlerweile auch in Modellschulverbünden oder regionalen Netzwerkgruppen ihre Anwen-

---

kers (2003, S. 25)).

[40] Der handlungstheoretische Ansatz der Organisationstheorie beschäftigt sich mit den Wechselwirkungen zwischen individuellen Handlungen und den Organisationsstrukturen (vgl. Wilkesmann (1999, S.35ff.)).

[41] Nach Kieser (2002, S.15 ff.) gibt es ca. 10 eigenständige Organisationstheorien, die zwischen verstärkten Gestaltungs- oder aber Erklärungsmodellen schwanken.

[42] Der Begriff des organisationalen Lernens und der Lernenden Organisation geht auf eine nunmehr knapp 30 jährige Theoriediskussion zurück, die zu einem recht diffusen Bestimmungsfeld geführt hat. Vgl. auch Klimecki (1997, S.1ff.).

[43] Zu den Gefahren eines offenen Bildungsmarktes mit voller Autonomie der einzelnen Schule im Hinblick auf das obsolet werden von Chancengleichheit, vgl. jedoch auch Weißhaupt & Weiß (1997, S. 27-45).

dung im Schulbereich findet.[44] Hinzuzufügen ist, dass organisationales Lernen, welches zunächst in der freien Wirtschaft seine Ursprünge gefunden hat, im Bezug auf den Raum Schule sehr viel komplexer ist, da man es mit einem offenen Raum mit teilweise recht autonomen Subsystemen (Beispiel Unterricht) und großen, äußeren Einflusskomponenten zu tun hat.

Was zeichnet nun lernende Organisationen oder Netzwerke im Idealfall aus? Hier gilt es zunächst zwischen individuellem[45] und organisationalem Lernen eine Brücke zu schlagen, da ersteres eine notwendige aber nicht hinreichende Bedingung für organisationale Lernprozesse ist. Hierzu bedarf es eines Kollektivierungsprozesses in dem individuelle Lerninformationen, neues Systemwissen etc. in einen organisationalen Wissenspool überführt werden. Man bezeichnet dies auch als Prozess der kollektiv-integrierten Internalisierung (vgl. BODENMÜLLER, 1999, S. 30). Hier hat sich auch der Begriff des System- oder Organisationsgedächtnisses etabliert. Wie Innovationen und Lernerfolge langfristig integriert und vor allem konserviert werden können, erweist sich als zentraler Schlüssel für eine dauerhafte, adaptive Prozesssteuerung. Nach Luhmann scheint die wichtigste Ressource der Schulreformer bisher jedoch die folgende Leistung des Systemgedächtnisses zu sein: das Vergessen (vgl. LUHMANN, 2002, S. 167). Im Idealfall finden jedoch Organisationsinnovationen ihren Niederschlag im Schulprogramm oder internen Verfahrensgrundsätzen. Entscheidend ist hier die Art der Informationsverteilung, die wesentlich von der Informationsinterpretation Einzelner oder Mehrerer abhängt, die Informationen aufgrund ihrer individuellen so genannten cognitive maps (innere Landkarten, Art der Weltbetrachtung) verarbeiten und interpretieren. Es ist bezeichnend für soziale, kommunikative Systeme, dass jeder dazu neigt sein Modell für richtig zu halten, da es sich meist einmal als richtig erwiesen hat (vorangegangener Erkenntnisprozess). Modelle von Welt altern jedoch und können zu anderen Zeiten auch kontraproduktiv sein. Zu unterscheiden gilt es

---

[44] Beispielsweise das Schulnetzwerk Bodensee zum Thema Ausbildung-Schule-Beruf, vgl. online: http://www.lernsee.de/lernwegebildungsbereiche/schule/schulnetzwerker [01.09.2005].

[45] Man unterscheidet zwischen dem Single-Loop (Anpassungslernen), Double-Loop (Veränderungslernen) und dem Prozesslernen. Bei Ersterem steht die Effizienz im Vordergrund, ob man die Dinge richtig gemacht hat. Beim Double-Loop oder Veränderungslernen geht es dagegen um die Effektivität und die Frage, ob man die richtigen Dinge getan hat. Im Prozesslernen schließlich wird auf einer Metaebene über den Lernprozess selbst nachgedacht (vgl. Backhausen, (2003, S. 21-22)).

zusätzlich zwei Typen von konstruierter Wirklichkeit. Zum einen die „harte Wirklichkeit", in der die Verhältnisse relativ stabil und für alle relativ gleich sind, so dass sich zwischen richtigen und falschen Rezepten unterscheiden lässt. Zum anderen die „weiche Wirklichkeit" eines Systems, das Reaktionen zeigt und verändert, lernt und Rückkoppelungen aufweist.[46] Als hilfreich können sich hier Coaching-Modelle[47] erweisen, deren Grundlage das systemisch-konstruktivistische[48] Denken ist, welches sich mit dem Management nichtlinearer Systeme beschäftigt. Basis ist die Akzeptanz der begrenzten Steuerungsmöglichkeit und der Versuch eines kontrollierten Driftens aus dem System heraus in die gewünschte Richtung. Dies wird durch das wesentliche Ziel der vollständigen Kooperation zwischen den Prozesspartnern oder einem Coaching Gespann erreicht. Bevor nun näher auf die Perspektiven von Coaching und organisationalem Lernen im Hinblick auf Schule (die Forderungen nach qualitativer Personal- und Organisationsentwicklung in der Schule seitens Politik und Forschung sind nichts anderes) eingegangen wird, sollen die praktischen Probleme und Erfahrungen bei Reformprozessen, wie zum Beispiel auch bei der Einführung der Bildungsstandards in Baden-Württemberg oder dem SINUS Projekt, vorgestellt werden.

---

[46] Vgl. Bateson (1981), „Es macht einen Unterschied, ob man gegen einen Stein tritt oder gegen einen Hund."

[47] Der Begriff des Coaching stammt ursprünglich aus dem Sportbereich und meint die professionellen Beratung und Begleitung einer Person. Coaching ist eng verwandt mit der Beratungsform der Supervision.

[48] Die Erweiterung über den Konstruktivismus Begriff verstärkt die Ansicht, dass es keine objektive, empirische Außenwelt gibt, sondern dass das Subjekt alleiniger Urheber des Wissens ist.

6. Reformbarrieren

Vor dem Hintergrund der beschriebenen Erkenntnisse über systemisches Management und organisationalem Lernen gilt es nun die herrschenden Kulturen und strukturellen Mechanismen des Systems zu identifizieren. Wenn man die Qualität von Schule erhöhen will, ist die entscheidende Frage die der Steuerungsmöglichkeiten. Derzeit sind die Systemmechanismen vor allem noch darauf angelegt mögliche Unterschiede und autonome Profilierungen nach dem Subsidiaritätsprinzip, also Aufgaben möglichst auf der Ebene zu lösen auf der sie entstehen (beste Ergebniswahrscheinlichkeit), zu vermeiden. So sollen Leistungsdifferenzen zwischen Schulen und Klassen möglichst verhindert werden. Dies wird schon am Prinzip deutlich, gute und schlechte Lehrer gleich auf alle Schulen zu verteilen, oder Organisationsbestimmungen zentral zu steuern und verbindliche Lehrpläne, die stets den Anspruch haben der aktuellen Situation gerecht zu werden und gleichzeitig dauerhaft sein sollen zu entwickeln, obwohl wir es wie beschrieben mit einem stetigen Wandel und Adaptionsprozess des Schulsystems mit seinen dynamischen Umwelten zu tun haben. So werden zwar in allen Ländern vermehrt Bestrebungen erkennbar, Schulen einen größeren Autonomiespielraum einzuräumen, der zu erwartende Kontrollverlust (Alternativen müssen erst installiert werden) schreckt jedoch viele Landesregierungen davor ab, die Kultusbürokratie an den Schulen zu reduzieren oder abzuschaffen. Die Liste von Reformprojekten in den Bundesländern ist mittlerweile nicht mehr überschaubar, konkrete Änderungen sind bisher jedoch kaum zu verzeichnen (vgl. DIE ZEIT, 50/2004). Nach Aussagen der Bertelsmann-Stiftung für das Projekt „Selbständige Schule" sind beispielsweise in Nordrhein-Westfalen erst 5% aller Schulen weitgehend unabhängig. Ähnlich scheint es in der Lehrerausbildung auszusehen wo sich an den Universitäten meist kaum etwas geändert hat. Die systematische Beeinflussung des Unterrichts dürfte jedoch besonders über die verwendeten Lehrmittel und die Kompetenz der Lehrkräfte erreicht werden (vgl. OELKERS, 2003, S.72ff.). Im Bereich der Bildungsstandards scheinen erhobene Erwartungen an eine kurzfristige Leistungssteigerung ebenfalls weit überhöht. Manfred Prenzl, der die deutsche PISA-Studie 2003 geleitet hat, spricht von Illusionen und der frühesten Feststellung von Änderungen nach weit über fünf Jahren (vgl. DIE ZEIT,

2004/51). Vor allem ist die Umsetzung beziehungsweise Ausarbeitung der Schulcurricula (vgl. S. 35) für die meisten Schulen aufgrund erheblicher Ressourcenmängel im Personalbereich meist nicht adäquat durchführbar (vgl. Herrmann, 2004, S. 17). Nach einer Analyse und Befragung von Lehrern durch das Institut für Psychologie an der Albert-Ludwigs-Universität Freiburg (n=661) sind die derzeitigen Arbeitszeitregelungen beispielsweise vor allem für mehr Kooperation und Kommunikationsmöglichkeiten in der Schule (nur 11% befürworten die Regelung, 63% sind dagegen) nicht gegeben. Ähnlich sieht es mit den zur Verfügung gestellten Ressourcen für die Einführung neuer Unterrichtskonzepte (60 % dagegen) aus (vgl. LACROIX, 2005, S. 65).

Interessant ist, dass die Forderung nach der lernenden Schule im Grunde nichts Neues ist, sondern bereits seit Anfang der 90er Jahre den Grundsatz der Schulqualitätsdiskussion darstellt. Entscheidend ist jedoch, dass Lernen hier oft fälschlicherweise mit einer nötigen Steuerung durch Einzelmaßnahmen von oben gleichgesetzt wurde, anstatt mehr auf die Fähigkeit der Selbstkorrektur an den Schulen zu bauen (vgl. OELKERS, 2003, S. 76ff.).

Wie sieht es nun mit dem Selbstbild der Lehrer aus, das einen wesentlichen Hinweis auf die Systemstimmung und die herrschende Arbeitskultur liefern kann? Nach einer Untersuchung der Pädagogischen Hochschule in Ludwigsburg an 113 Lehrer(n)/innen in Baden-Württemberg schätzten fast alle Befragten das öffentliche Image von Lehrern als sehr schlecht ein. 65 Prozent aller prognostizierten auf einer Skala zwischen eins und sechs ihr vermutetes Bild in der Öffentlichkeit zwischen fünf oder sechs (RATH & MARCI-BOEHNCKE, 2005). Wie kommt es nun zu einem derartig schwachen Selbstbewusstsein? Hier spielt zum einen die bereits angesprochene, immanente Selbstunsicherheit der Lehrer in Bezug auf den persönlichen Unterrichtserfolg eine Rolle (verstärkt durch die PISA-Studien) und zum anderen der grundsätzlich Organisationsaufbau von Schule mit seiner zellularen Struktur und einer starken Segmentierung (vgl. LORTIE, 1975, S. 14ff) eine maßgebliche Rolle. So liegt im Grunde schon für den Berufanfänger kein fundiertes Arbeitswissen vor, was zu einem tief sitzenden Gefühl der Unsicherheit über den beruflichen Erfolg oder die berufliche Methode führt. In der Folge kommt es zu einem starken Schutzbedürfnis, welches die individuelle Autonomie wieder sicherstellen soll. Zudem zeichnet sich das Berufsprofil durch eine hohe persönliche

Verantwortungsübernahme der Lehrkräfte aus, die durch die unumgängliche Involvierung in persönliche Entwicklungsverläufe der zu betreuenden Schüler entsteht. Dass dies eine potentielle Evolutionsbarriere für Reformen darstellt, dürfte durch den hohen Verantwortungsgrad klar sein. Die Unsicherheit der Lehrkräfte wird nun durch ebenfalls unklare, beziehungsweise komplexe Ziele von Schule insgemein noch verstärkt (vgl. ALTRICHTER, 1996, S. 134). Welche Merkmale zeichnet nun die Zellularstruktur einer Schule aus?

Bezeichnend für den Beruf des Lehrers ist die weitestgehende Isolation am Arbeitsplatz von anderen Beschäftigten. Im Unterricht, der prinzipiell autark gegenüber möglichen Einflussfaktoren von außen ist, handelt der Lehrer in einem eigenen Subsystem von Schule, dessen Austausch und Auseinandersetzung mit anderen Kollegen, der Schulleitung oder der Schulaufsicht nur sehr begrenzt stattfindet. Dies gilt in ähnlichem Maße für den Grad der Abhängigkeit vom Kunden, dem Schüler aber auch von den Eltern und der nichtstaatlicher Umwelt. Charakteristisch ist vielmehr eine strenge Arbeitsteilung, die den persönlichen Arbeits- und Verantwortungsbereich der einzelnen Lehrkraft stark abgrenzt. Die Entstehung von ausgeprägten, über Jahre gewachsenen und als selbstverständlich empfundenen Gewohnheitsrechten und persönlichen Komfortzonen ist ein typisches Beispiel von isolierten Arbeitsplätzen mit beschränkter Kontrollmöglichkeit. Hier haben die Leistungsvergleichstudien und die unerwartet plötzliche Aufmerksamkeit durch die Öffentlichkeit zu extremer Unsicherheit und Ängsten vor dem Abbau etablierter und beinahe institutionalisierter Schutzzonen geführt. Der wachsende Druck ist jedoch nicht nur durch die öffentliche Meinung entstanden, sondern hat im Wesentlichen auch mit den zunehmenden Sparmaßnahmen der Kultusministerien zu tun, die die Lehrer in den letzten zwanzig Jahren hinnehmen mussten. Ein steigendes Ablehnungsverhalten gegenüber allen verordneten Maßnahmen von oben, mit dem gleichzeitigen Gefühl der relativen Machtlosigkeit durch die Regularien des Beamtenstatus war und ist die gegenwärtig festzustellende Tendenz. Vergleicht man die Organisation Schule mit freien Wirtschaftsbetrieben, so fällt die flache Hierarchieebene auf, in der alle mehr oder wenige gleiche und komplexe Aufgaben haben und es so gut wie keine sozialen Rangordnungen gibt. Die Schulverwaltung, die meist nur sehr begrenzte Strukturen aufweist wird vom Kollegium meist als nötiges, aber für sie nicht relevantes, fast externes

Instrumentarium der Schulleitung angesehen. Eine Schaffung von Gemeinsamkeiten, wie zum Beispiel einer übergreifenden Leitvision oder einem Kollektivgefühl wird meist durch unübersichtliche Lehrerzimmer (als Ort des Austausches), die oft nur flüchtige Zwischenstation mit geringem Stellenwert sind, behindert und erschwert. Dies wäre jedoch ein Ort an dem sich eine kooperative Schule ernsthaft konstituieren könnte. Demokratische Abstimmungsverfahren und Anlässe innerhalb des Kollegiums sind zudem oft wenig effektiv und versickern im Schulalltag. Lehrerkooperationen in Netzwerken gab es prinzipiell auch schon lange vor deren Einrichtungsforderung im Zuge der derzeitigen Reformen. Diese Netzwerke stellen jedoch weitgehend Mini-Netzwerke aus meist zwei bis maximal vier Lehrern dar, die sich auf freiwilliger Basis mit starker persönlicher Bindung manchmal nur temporär bilden. So sind übergreifende, kooperative Verfahren, die sich von innen heraus entwickeln bisher kaum umsetzbar, stattdessen besteht eine starke, traditionelle Anlehnung an eine Außensteuerung durch zentrale Vorschriften, fachliche Ausbildung und institutionalisierte Gewohnheitsregeln. In dieser genannten Arbeitsorganisation wird Schule häufig als Expertenorganisation oder „professional bureaucracy“ bezeichnet (MINTZBERG, 1983/ 1991) für die die genannten Charakteristika bezeichnend sind (vgl. ALTRICHTER, 2000, S. 101ff.).

Die mittlerweile fast üblichen Evaluationsprogramme, die im Zuge von Modellprojekten und Reformen begleitend durchgeführt werden, haben in den letzten Jahren erste Schlussfolgerungen und Ergebnisse über konkrete Problemtypologien bei der Installation von Schulreformen zu Tage gefördert. So wurde begleitend im SINUS Programm (vgl. S. 40; Anhang (1)) eine derartige Prozessevaluation durchgeführt. Den Initiatoren des Projektes war die Problematik und die Realität der geringen professionellen Zusammenarbeit und dem herrschenden pädagogischen Einzelkämpfertum bekannt (TERHART, 1987, 1995, 1996, in OSTERMEIER, 2004, S .13), so dass der Kernpunkt des aufgelegten Programms vor allem die unterrichtsbezogene Kooperation der Lehrkräfte (vgl. Kooperation als Basis von Systeminterventionen, S. 59) auf verschiedenen Ebenen (Schulebene, Schulnetzwerke) fördern sollte.[49] Dies wurde über ein quantitatives Evaluationsverfahren zur Dokumentation der Qualitäts-

[49] Ausführlich hierzu Ostermeier (2004, S.3ff.).

entwicklung begleitet, dass sich mit Hilfe von Fragebögen und Tests besonders bei großen Untersuchungseinheiten einsetzen lässt. Für die Evaluation in kleinen Einheiten, wie zum Beispiel in einer einzelnen Schule oder in verschiedenen Klassen bieten sich qualitative Verfahren an, die auch mit Personeninterviews, Videoanalyse oder anderen Mitteln arbeiten.

Vorgegangen wurde im Modellprojekt SINUS ähnlich wie in so genannten Zukunftswerkstätten[50].Zuerst werden gemeinsam Optimierungsbedürfnisse artikuliert, dann gemeinsame Lösungsmodelle erstellt, die schließlich konkret verwirklicht werden sollen. Als Orientierungsangebot stehen Rahmenthemen und Module zur Verfügung, die ausgewählt werden können. Hintergrund dieses Vorgehens sind Ergebnisse der Implementationsforschung[51], nach der es, nur von allen subjektiv akzeptierte Herangehensweisen erlauben, Reformen dauerhaft verbessernd zu etablieren (BROWN, 1997; DAVIS, 2003, KNAPP, 1997, STAKE et al., 1997; In: OSTERMEIER, 2004, S. 16; ähnlich auch In: MORRISON, 1998, S. 126). Für den einzelnen Lehrer scheint es bei der Beteiligung an Reformprojekten, also beispielsweise einem neuen Schulqualitätskonzept besonders darauf anzukommen, welche Freiräume ihm bei der Umsetzung der Ergebnisse zugestanden werden und ob seine Arbeit und Leistung entsprechend gefördert und unterstützt wird. Es zeigen sich meist folgende Umsetzungsprobleme in der Realität (OSTERMEIER, 2004; HOLTAPPELS, 2003; WATERMAN, STANAT ET AL., 2003; KLIEME, BAUMERT & SCHWIPPERT, 2000; MORRISON, 1998):

- Schnelle, direkte Nutzungseffekte für den eigenen Unterricht werden erwartet, die den Unterricht auch für den Lehrer angenehmer und leichter machen (oft problematisch).
- Angst vor Machtmissbrauch (oft bestehen Ängste über den Umgang mit sensiblen Evaluationsdaten und deren Verwendung bei Vorgesetzten).
- Angst vor Mehrbelastung und zusätzlichem Aufwand, dessen Erfolg oft als fragwürdig betrachtet wird und zudem meist nur wenig von höheren Stel-

[50] Die Zukunftswerkstatt gibt schon seit ca. 20 Jahren und wurde maßgeblich von Robert Jungk geprägt, Ziele und Merkmale sind Basisdemokratie, Integration von Laien und Experten, Herrschenden und Beherrschten sowie Ganzheitlichkeit.

[51] Implementationsforschung setzt sich mit der Umsetzung und damit auch der Steuerung von Systemen und Organisationen auseinander.

len oder Kollegen honoriert wird. Die Folge ist eine geringe Grundmotivation.

- Oft bestehen allgemeine Vorbehalte gegen das Offenlegen des eigenen Unterrichts (ein Grund kann die immanente Unsicherheit über den eigenen Anteil am Lernerfolg der Schüler sein). Die Öffnung des Unterrichts erfordert so stets auch die Fähigkeit des Lehrers zur Kritikannahme und des Wissens und Zulassens von Bewertungen der Fähigkeiten der eigenen Person (Angst vor indirekter Kontrolle).
- Angst, dass die eigene Arbeit, teils über Jahre hinweg in Frage gestellt werden könnte.
- Unkenntnis über den Umgang und den Einsatz von Evaluationsinstrumenten.
- Ablehnung von Reformen von oben, die nicht aus der Schule oder dem Kollegium heraus entstanden sind.
- Angst vor Kontroll- und Sicherheitsverlust von vorher autonomen Zonen.
- Vorbehalte gegen die Übertragung von Instrumentarien aus der Wirtschaft auf die Schulen.
- Angst, dass das bisher geltende prinzipielle Gleichheitsprinzip aller Lehrer aufgehoben werden könnte.
- Informationsmangel/ Fehlinformationen
- Zeitdruck (oft kann beziehungsweise wird von einer Schule nur wenig Freiraum in Form von Entlastungsstunden gewährt)
- Bildungspolitischer Kontext (die Mehrarbeit hat durch Sparmaßnahmen in den letzten 20 Jahren erheblich zugenommen, bei finanziellen Einbußen kommt es zur Abwehr aller weiteren Anforderungen ohne vorherige Sinnprüfung)
- Anreizsysteme (berufliche Karriere, Zusatzhonorare, etc.), wie man sie aus der Wirtschaft kennt, fehlen weitestgehend oder sind zuwenig an tatsächliche Leistungen gebunden.

Es fällt auf, dass häufig von Ängsten die Rede ist. Übergangsprozesse, wie sie Reformen darstellen weisen im Grunde stets Formen von Unsicherheiten und Ängsten auf, da es sich aus Sicht der Betroffenen immer um eine Veränderung der Lebenswirklichkeit handelt, die zunächst als bedrohlich erscheint, wenn es nicht gelingt sich für die Überraschungen der Emergenz[52] zu öffnen. Dalin (DALIN, 1978; DALIN et al., 1993; In: HOLTAPPELS, 2003) fasst die genannten Umsetzungsprobleme grundlegend in folgenden Reformbarrieren zusammen:

- Wertebarrieren (Reformen verkörpern nicht geteilte oder teilweise abgelehnte Werte)
- Machtbarrieren (Reformen werden wegen persönlichen Macht- und Kompetenzverlust entweder abgelehnt oder bei Machtzunahme akzeptiert)
- Psychologische Barrieren (Ängste vor Sicherheitsverlust, Ungleichgewichten, etc.)
- Praktische Barrieren (vorhandene Ressourcen wie Lehrkräfte, Zeit, Geld und administrative Unterstützung fehlt, eigener Lernaufwand ist zu hoch, etc.)

Speziell bei Kooperationsformen, die zunehmend von Lehrern eingefordert werden und die im Wesentlichen mit der individuell autonomen Lehrerkultur brechen, wurden folgende Phänomene beobachtet (vgl. OSTERMEIER, 2004, S. 41ff.):

- „Trittbrettfahrereffekt"[53] (Phänomen das den Vorgang in einer Gruppe beschreibt bei dem ein Teil die wesentliche Arbeit leistet und andere sich vom Arbeitsprozess zurücknehmen, da sie die höhere Leistung der Engagierten mitkalkulieren)
- „Ja bin ich denn der Depp" - Phänomen[54] (Tendenz des Motivationsverlustes, wenn die Leistungsaktiven die ungleiche Arbeitsbelastung und strategische Ausnutzung ihres Engagements durch den „Trittbrettfahrereffekt" erkennen)

---

[52] Als Emergenz beschreibt man die Charakteristik von Systemen Eigenschaften zu zeigen, die auf der Struktur der Koppelung ihrer Komponenten beruhen und nicht unbedingt aus ihren Einzeleigenschaften abgeleitet werden können (vgl. Backhausen (2003, S. 95)).

[53] Auch als "free-rider effect" (Kerr, 1983), "social loafing" oder "Der Hans der machts doch eh" Phänomen bekannt. In: Ostermeier, (2004, S.41).

[54] Auch als „sucker effect" bekannt. vgl. ebd. S.41.

- „Da machs ich doch gleich lieber selbst“ - Phänomen (beschreibt den Versuch der Kompetenteren einer Gruppe einen Mindeststandard zu halten, indem Mehrarbeit übernommen wird)
- Schereneffekt (als Folge des obigen Phänomens gewinnen die Kompetenteren einen größeren Lernzuwachs, wohingegen andere aus dem Prozess wenig lernen oder sogar völlig aussteigen)
- „Ich habe meinen Teil erledigt“ – Phänomen (Gesamtziel der Gruppe steht nicht mehr im Vordergrund des eigenen Arbeitens)
- Bei institutionalisierten Kooperationsformen gerät die für viele wichtige, traditionelle Lehrerautonomie in Gefahr.
- Meist liegt der größte Einfluss für den Kooperationsprozess bei der Verwaltung, so dass die Angst vor Kompetenzverlust besteht.
- Erfahrungswerte, die sich aus den genannten Phänomen zusammensetzen tragen oft bereits zu Beginn eines von außen eingeleiteten Kooperationsprozesses zu einer negativen Grundeinstellung („Gruppenarbeit–nein-danke“) bei.

Wie kann nun versucht werden oben genannten Problemtypologien auszuweichen? Zunächst auf der Mikroebene, indem zu Anfang eines konkreten Gruppenprozesses gemeinsame, positive, auch für den Einzelnen vorteilhafte Ziele formuliert und entsprechende Rahmenbedingungen geschaffen werden, die die Möglichkeit zum autonomen Gruppenhandeln, eine klare Aufgaben- und Rollenverteilung, eine akzeptierte Führungsperson, Unterstützungsangebote, die soziale Einbindung aller ins Projekt sowie eine hohe inhaltliche Relevanz für das eigene Handeln und eine entsprechende Instruktionsqualität garantieren (vgl. MORRISON, 1998, S. 122ff.). Wesentlicher Schlüssel zu einer dauerhaften Implementation von Reformen scheint so vor allem die Akzeptanz der Betroffenen zu sein. Beim Beispiel der Einführung der Bildungsstandards in Baden-Württemberg im Rahmen eines typischen Top-Down Modells dürfte die Akzeptanz zur Umsetzung erheblich bezweifelt werden. Dies konnte eine Umfrage unter den Lehrern in Baden-Württemberg bestätigen (n=1150), von denen nur ganze 1,9 Prozent die Einführung der Bildungsstandards als gelungenes Projekt bezeichnen (GEW Baden-Württemberg, 2004a). Modelle, die in einem bottom-up Verfahren entstehen, und die die Bedeutungsrelevanz der individuellen Schulautonomie ernst nehmen, weisen hier verständlicherweise erheblich höhere Implementierungsraten auf. Derartige Modelle haben insbesondere auch weniger mit Transparenz- und Informationsproblemen zu kämpfen, die oft ein Schlüssel für Akzeptanzschwierigkeiten darstellen.

Auf einer übergeordneten Handlungsebene konnte man die hohe Relevanz von Schulleitungen für die Beständigkeit und den Erfolg von innovativen Qualitätskonzepten feststellen (vgl. FULLAN, 2001; In: OSTERMEIER, 2004, S. 47). So werden Projekte, die eine aktive Befürwortung durch die Schuldirektion erfahren am ehesten dauerhaft in den Schulalltag implementiert (BERMAN & MC LAUGHLIN, 1977). Als problematisch wurde jedoch die hohe systemcodierte Qualität von Schuldirektion und Schulaufsicht benannt. So erfordert die Fähigkeit der Schulführung im Hinblick auf die zu leistende Qualitätsaufsicht und Entwicklung von Schule heute einen großen Wissens- und Erfahrungsbereich, der sich zunehmend vom Wissen der reinen Schulabläufe hin zu einem umfassenderen Wissen, das auch Wirtschafts- und Managementtheorien integriert, erweitert. Der Werdegang und die Ausbildung der Schulleitung oder der Schulaufsicht laufen jedoch weitestgehend innerhalb des Schulsystems ab, so dass externe Informationen nur schwer in die Schule getragen werden können. Die Schulaufsicht, die in Zukunft die Schulen im Hinblick auf den Qualitätsbereich nicht nur kontrollieren, sondern auch verstärkt unterstützen und beraten soll, steht hier vor einer neuen Herausforderung, die letztlich ein Dilemma darstellt, da im Prinzip die eigene Beratungsqualität kontrolliert werden müsste.

Insgesamt wird schnell klar, dass wir es mit sehr vielfältigen Problemstellungen zu tun haben, die sich von der Makroebene bis hinein in die Mikroebenen des täglichen Umgangs miteinander und den damit verbundenen Einstellungen und Wertvorstellungen erstrecken. Isolierte, punktuelle Einzeleingriffe erweisen sich so häufig als unzureichend, wenn versucht werden soll, Schulen insgesamt einen Lernprozess anzutragen. Wirft man einen systemischen Blick auf die Problementstehung, so haben wir es im Schulsystem oft mit zwei divergierenden Grundtendenzen zu tun. Zum einen ist dies das Streben nach Kontinuität, Sicherheit und Konstanz und zum anderen besteht der Wunsch nach Entwicklung, Veränderung und Erneuerung des Systems. So gilt es zwischen Stagnation und Auflösung von Systeminhalten einen für alle tragbaren Kurs „am Rande des Chaos“ (vgl. KAUFMANN, 1996; STACEY, 1997) zu finden.

Nach der Chaostheorie finden kreative Veränderungen, also Innovationen gerade in diesem Grenzbereich statt (vgl. BACKHAUSEN, 2003, S. 79). Welche Möglichkeiten sich hier grundsätzlich anbieten beziehungsweise welche Entwicklungen von Bildungsforschern für die Zukunft prognostiziert werden, soll in einem kurzen Ausblick beschrieben werden.

7. Ausblick – Perspektiven

Bei der Problemstellung, wie Innovationen beziehungsweise sinnvolle Reformen die Schulen erreichen, muss im Prinzip die Frage gestellt werden, ob eine alleinige bottom-up Strategie durch weitestgehend autonome Schulen ausreichen kann. Hier ist man in der Regel anderer Meinung (vgl. ausführlich HOLTAPPELS, 2003, S. 146ff.; auch OELKERS, 2003, S. 81). Insbesondere die Frage, ob eine innere Systementwicklung ausreichend ist, wird kontrovers diskutiert. So wird der Druck zu mehr Wettbewerb um die beste Schulleistung und ein Wandel der derzeitigen Verwaltungsaufsicht in einen „Service éducative“ (OELKERS, 2004, S. 54) durchaus als Voraussetzung für Qualitätsentwicklung genannt.[55] Es gilt, einen Mischung aus überregionalen Rahmenkonzepten, strukturellen Veränderungen, aber auch entsprechendem Wettbewerb zu schaffen, der willigen Schulen Freiräume lässt, andere weniger reformbereite Schulen verstärkt fordert und ihnen entsprechende Unterstützungssysteme anbietet.

Wie ein derartiges modernes Bildungsmanagement strukturell aufgebaut sein könnte zeigt folgendes Diagramm:

[55] Gemeint ist der Umbau der Schulaufsicht in einen Entwicklungsdienst, der klare Zielvereinbarungen mit der regionalen Schule trifft, Evaluationen durchführt und die Zieleinhaltung kontrolliert. Hintergrund ist die Abkehr von einer Kontrollfunktion zu einem Serviceangebot.

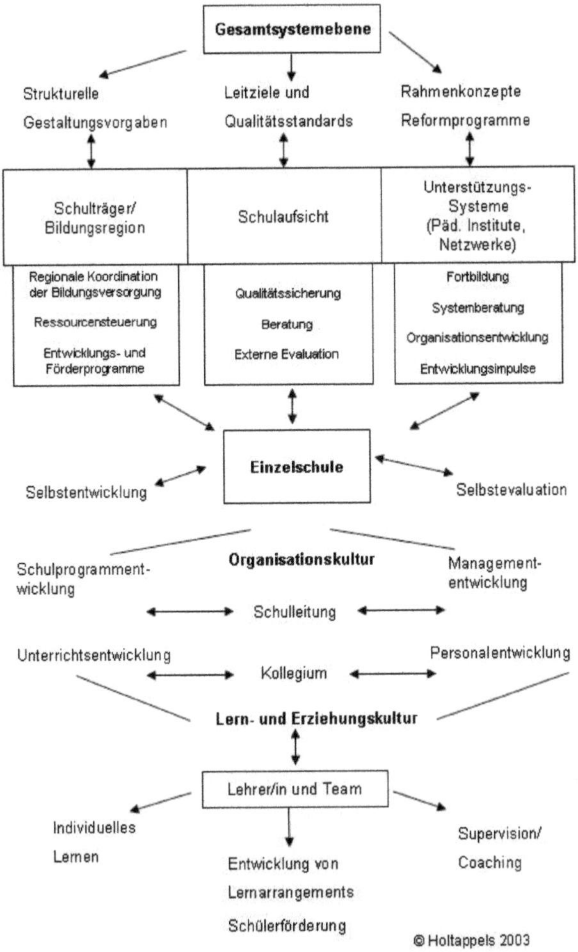

Abbildung 11: Formen und Aufgaben modernen Bildungsmanagements. (Holtappels, 2003, S. 150).

Zentrale Punkte des vorgestellten Diagramms beziehen sich auf die Etablierung einer neuen Organisations- und Lernkultur in der Schule. Diese lassen sich verständlicherweise nicht verordnen, jedoch können entsprechende positive, strukturelle Entwicklungsfelder geschaffen werden, die das Wachstum eines entsprechenden Klimas begünstigen. Harrison hat schon 1994 vier verschiedene Typen von Organisationskulturen, wie sie auch in der Schule existieren, benannt. Er differenziert bezüglich einer Rollenkultur (funktionsgebunden, bürokratisch, hierarchische Entscheidungsstrukturen, etc.), einer Machtkultur (zentrale Kontrolle, begrenzte Kollegialität, hohe Versagensängste, etc.), einer Leistungskultur (Schwerpunkt liegt im Ergebnis, Aufgabenbezogenheit, autonome Teams und Gruppen) und einer Unterstützungskultur (personenzentriert, konsensorientiert, etc.) (vgl. HARRISON, 1994). Idealerweise liegen alle Kulturformen, die unterschiedlich stark ausgeprägt in jeder Schule zu finden sind, in einer ausgeglichen Balance vor. Es ist für die einzelne Schule sinnvoll, zunächst den Grad der jeweiligen Ausprägung zu bestimmen, um dann Zielentwicklungen formulieren zu können. Hilfreich können hier so genannte Kraftfeldanalysen sein, in denen Wirkungsfaktoren beschrieben und erfasst werden können (vgl. MORRISON, 1998, S. 133ff.).

Für eine Lernende Schule sind weiterhin effektive, balancierte und zyklische Feedbacksysteme (Beispiel Evaluation) notwendig, die den Kern eines Wissenspools eines dynamischen Systems darstellen (BROOKE-SMITH, 2003). So ist klar, dass die Lernkapazitätsmöglichkeit von Schule im Wesentlichen den Fähigkeitsgrad einer Schule bestimmt, wie mit wechselnden Herausforderungen und Umweltbedingungen zurechtzukommen ist. Hierfür müssten in weitaus stärkerem Maße Unterstützungen für die Schulen im Bereich der Lehrplanarbeit, der Lehrerbildung und im Aufbau von Evaluationssystemen geschaffenen werden, wenn man einen verantwortungsvollen Wandel initiieren will. Letztlich ist jedoch absehbar, dass wir es auch in Zukunft mit einem Bildungssystem zu tun haben werden, in dem viele Veränderungsmöglichkeiten Sparzwängen unterworfen bleiben. Es kommt vor allem auf die Fähigkeit von Führungspersonen in allen möglichen Systemebenen an, die sie umgebende Realität und Zukunft kreativ und verantwortungsvoll zu gestalten, um ein entsprechendes, qualitätsorientiertes Klima zu schaffen.[56] So sind „d*ie wirkungsvollsten Interventionen (...) solche, die „Herzen öffnen“ und somit Strukturveränderungen tragen. Den Ausschlag gibt letztlich die Haltung, wenn wir eine Intervention setzen.*“ (KÖNIGSWIESER & EXNER, 1998).

[56] Effektive Führung zeichnet sich nach West-Burnham so vor allem durch Visionsfähigkeit, Kreativität, Sensibilität und Subsidiaritätsfähigkeit aus. (vgl. West-Burnham (1997)).

8. Fazit

Die Ergebnisse dieser Arbeit liegen vor allem in der Verdeutlichung der Komplexität von Schulqualitätskonzepten. Dies zeigte sich durch die Schwierigkeit der Begriffsbestimmung, bei der sich allein fünf unterschiedliche Grundsatzfragen bestimmen lassen, die bei dem Versuch einer Qualitätsdebatte oft außer Acht gelassen werden. Über den historischen Rückblick der Schulqualitätsforschung wurde die Entwicklung bis zur heutigen Debatte nachvollzogen, die sich seit ihrem Beginn oft durch teils konträre Positionen und Ansatzversuche auszeichnet. Gründe für den derzeitig festzustellenden Wandel und die Bewegung des Bildungssystems von einem Input-System zu einem eher Output basierendem Effizienzgedanken wurden insbesondere mit den veränderten Anforderungsbedingungen und einem ansteigenden, auch sozialen Druck auf die Gesellschaft begründet. Die Aufschlüsselung der Schulsystemstrukturen zeigte zudem die vielfältigen Vernetzungen innerhalb von Schulumwelten auf, die einen entsprechenden Einfluss auf die Konzeptionen von Schulqualität haben können. Im Anschluss wurden die unterschiedlichen Forschungslagen in einzelnen Schulqualitätsbereichen diskutiert und Kernpunkte von Qualität bestimmt, die sich aus den Modellen führender Bildungsforscher ableiten lassen. Vor diesem Hintergrund erwies sich die Konkretisierung an Beispielen der aktuellen Bildungsentwicklung im SINUS-Programm auf Bundesebene und den länderspezifischen Entwicklungen in Baden-Württemberg als aufschlussreich. Dies geschah vor allem durch den vorgeleiteten Einschub zu Wandlungstheorien, der zu einem besseren Verständnis der dargestellten nationalen, wie länderbezogenen Entwicklungen beitrug.

Neuere Ansätze der Organisations-, Komplexitäts-, Chaos- und Systemtheorie veranschaulichten im Folgenden, wie die Wissenschaft auf die Erkenntnis von Unsicherheit und Nichtdeterminierbarkeit in sozialen Systemen reagierte und welche reellen Möglichkeiten für eine Qualitätssteuerung und –sicherung bleiben. Hier spielen auch vorliegende Reformbarrieren eine wichtige Rolle, die teilweise an Beispielen der SINUS Evaluation und generellen Erkenntnissen aus der Konfliktforschung dargelegt wurden. Als positiv stellte sich eine allgemeine Entwicklung heraus, die öfter auf Evaluationsergebnisse zurückgreift und somit einen Anschluss an die Effektivität von Reformen und persönliche

Entwicklungsprobleme findet. Den richtigen Weg zu einer lernenden Schule zu finden, die in positiv gestimmter Weise eigene Potentiale und Ressourcen auch bei stetigen Sparzwängen aktivieren und freisetzen kann, scheint vor dem Hintergrund der Ergebnisse dieser Arbeit nicht einfach, jedoch auch nicht unmöglich.

9. Literaturverzeichnis

Altrichter, H.(1996). Der Lehrerberuf: Qualifikationen, strukturelle Bedingungen und Professionalität. In: Specht, W. (1996), S.96-172.(a.a.O.).

Altrichter, H.(2000). Konfliktzonen beim Aufbau schulischer Qualitätssicherung und Qualitätsentwicklung. *Zeitschrift für Pädagogik, 41. Beiheft,* S. 93-110.

Altrichter, H., Schley, W. & Schratz, M. (Hrsg.).(1998). *Handbuch zur Schulentwicklung.* Innsbruck: Studien Verlag.

Angilletta, S.(2002). *Individualisierung, Globalisierung und die Folgen für die Pädagogik.* Opladen: Leske und Budrich Verlag.

Backhausen, W.& Thommen, J.(2003). *Coaching. Durch systemisches Denken zu innovativer Personalentwicklung.* Wiesbaden: Gabler Verlag.

Bateson, G.(1981). *Steps to an ecology of mind.* Übersetzt: *Oekologie des Geistes. Anthropologische, psychologische, biologische und epistemologische Perspektiven.* Frankfurt am Main: Suhrkamp Verlag.

Baumert, J., Deutsches PISA-Konsortium (Hrsg.).(2002). *PISA 2000 - die Länder der Bundesrepublik Deutschland im Vergleich.* Opladen: Leske + Budrich Verlag.

Baumert, J., Lehmann, R. et al.(1997). *TIMMS-Mathematisch-naturwissenschaftlicher Unterricht im internationalen Vergleich. Deskriptive Befunde.* Opladen: Leske und Budrich Verlag.

Bellenberg, G., Böttcher, W.&Klemm, W. (2001). Schule und Unterricht. In: Böttcher, W. et al. (Hrsg.). *Bildung und Soziales in Zahlen. Statistisches Handbuch zu Daten und Trends im Bildungsbereich.* Weinheim: Beltz Verlag.

Berman,P. & McLaughlin, M.(1977). *Federal Programs Supporting Educational Change. Vol.IV: The Findings in Review.* Santa Monica, CA: Rand Verlag.

Beyes, T. (2002). Kontingenz und Unternehmungsführung. In: *GDI Impuls, Nr.4.02, 20.Jahrgang,* S.30ff..

Bodenmüller, H.&Joksch, J.(1999). *Organisationales Lernen: Theorie und Praxis.* Universität Konstanz, Diplomarbeit.

Bohl, T. (2001). *Prüfen und Bewerten im Offenen Unterricht.* Neuwied: Luchterhand Verlag.

Bosse, D. (Hrsg.). (2004). *Unterricht der Schülerinnen und Schüler herausfordert.* Bad Heilbrunn/ OBB.: Julius Klinkhardt Verlag.

Brockmeyer, R.(1999). *Qualitätsverbesserung in Schulen und Schulsystemen. Gutachten zum Programm von Prof.Dr.Rainer.Brockmeyer.* Materialien zur Bildungsplanung und zur Forschungsförderung. Bonn: Bund-Länder-Kommission für Bildungsplanung und Forschungsförderung.

Brooke-Smith, R.(2003). *Leading learners and leading schools* London: RoutledgeFalmer.

Carpenter, T.P., et al. (1989). Using Knowledge of Children's Mathematics Thinking in Classroom Teaching: An Experimental Study. In: *American Educational Research Journal, Vol. 26,* pp. 499–531.

Centre for Educational Research and Innovation (1994). *Making education count. Developing and using international indicators.* Paris: OECD.

Cobb, P., et al. (1991). Assessment of a Problem-Centered Second-Grade Mathematics Project. In: *Journal for Research in Mathematics Education, Vol. 22*, pp.13–29.

Coppieters, P.(2005). Turning schools into learning organizations. In: *European Journal of Teacher Education, Vol.28,No.2, June 2005*, pp.129-139.

Creemers, B.(1996).The goals of school effectiveness and school improvement. In: Reynolds, D., et al.(Hrsg.).*Making good schools: Linking school effectiveness and school improvement.* London, S.21-35.

Czerwanski, A., Grieser, D., Solzbacher, C. & Vollstädt W. (Hrsg.).(2005). *Förderung von Lernkompetenz in der Schule.* Band2: Praxisbeispiele und Materialien. Gütersloh: Bertelsmann Stiftung.

Dalin, P. (1999). *Theorie und Praxis der Schulentwicklung.* Beiträge zur Schulentwicklung. Neuwied: Luchterhand Verlag.

DIE ZEIT (2004). Das Puzzlespiel der Reformen.In: *DIE ZEIT, 02.09.2004, Nr.37*, Hamburg: Zeitverlag.

Diedrich, M., Abs, H., Klieme, E.(2004): *Evaluation im BLK-Modellprogramm Demokratie lernen und leben: Skalen zur Befragung von Schüler/-innen, Lehrer/-innen und Schulleitungen.* Frankfurt am Main: DIPF.

Ditton, H..(2000). Qualitätskontrolle und Qualitätssicherung in Schule und Unterricht. Ein Überblick zum Stand der empirischen Forschung. In: *Zeitschrift für Pädagogik.41.Beiheft.*S.73-92.

Drepper, T. (2003). *Organisationen der Gesellschaft. Gesellschaft und Organisation in der Systemtheorie Niklas Luhmanns.* Wiesbaden: Westdeutscher Verlag.

Eikenbusch, G.(1998). *Praxishandbuch Schulentwicklung.* Berlin: Cornelsen Verlag.

Eyerer, P. (2000). *>THEOPRAX< Bausteine für Lernende Organisationen.* Stuttgart: Klett-Cotta Verlag.

Fend, H. (1981). *Theorie der Schule.* München: U&S Pädagogik Verlag.

Fend, H. (1995). Schulkultur und Schulqualität. In: Achs, O, et al. (Eds.), *Schulqualität. Facetten und Felder einer Entwicklung.* (S.36-49).Wien: Pädagogischer Verlag.

Fend, H. (1998). *Qualität im Bildungswesen. Schulforschung zu Systembedingungen, Schulprofilen und Lehrerleistung.* Weinheim, München: Juventa Verlag.

Fend, H. (2000). Qualität und Qualitätssicherung im Bildungswesen. Wohlfahrtsstaatliche Modelle und Marktmodelle. In: *Zeitschrift für Pädagogik.41.Beiheft.*S.55-72. Weinheim und Basel: Beltz Verlag.

Fullan, M. (1999). *Die Schule als lernendes Unternehmen. Konzepte für eine neue Kultur in der Pädagogik.* Stuttgart: Klett-Cotta Verlag.

Garet, M.(2001). What Makes Professional Development Effective? Results from a National Sample of Teachers. In: *American Educational Research Journal, Vol. 38, No. 4 (winter)*, S. 915–945. Abb.1.

Gonon, P. (1998). *Das internationale Argument in der Bildungsreform. Die Rolle internationaler Bezüge in den bildungspolitischen Debatten zur schweizerischen Berufsbildung und zur englischen Reform der Sekundarstufe II.* Bern et al: Lang Verlag.

Green, D.(1994).*What is quality in higher education?* Buckingham: Society for Research in Higher Education and the Open University Press.

Haenisch, H. (1985). Schools change slower than churches. In: Klemm, K./Rolff, H.-G./Tillmann, K.-J.: *Bildung für das Jahr 2000. Bilanz der*

Reform, Zukunft der Schule. Pädagogik (1991) 5, S.27-31.Reinbek: Rowohlt Verlag.

Happold, K., Klein, G., Höckele-Häfner, S.& Ministerium für Kultus, Jugend und Sport (Hrsg.). *Pisa-E. Vertiefender Länderbericht. Daten, Fakten, Perspektiven.* Magazin Schule Extra. Stuttgart: Ministerium für Kultus, Jugend und Sport.

Harrison, R.. (1994). Organisational Culture. In: Cowling, A..(1994): *The Essence of Personnel Management and Industrial Relations.* London: Prentice-Hall.

Harvey, L. & Green, D. (2000). Qualität definieren. Fünf unterschiedliche Ansätze. In: *Zeitschrift für Pädagogik.41.Beiheft.*S.18-39. Weinheim und Basel: Beltz Verlag.

Heid, H. (2000). Überlegungen zur Begründung einer pädagogischen Beurteilungskategorie.In: Helmke, A., Hornstein, E.&Terhart, E.(Hrsg.).(2000). *Qualität und Qualitätssicherung im Bildungsbereich: Schule, Sozialpädagogik, Hochschule.*S. 41-51. Weinheim: Beltz Verlag.

Helmke, A. (1988). Leistungssteigerung und Ausgleich von Leistungsunterschieden in Schulklassen. Unvereinbare Ziele? In: *Zeitschrift für Entwicklungspsychologie und Pädagogische Psychologie 10, 1/1988,* S.45.76.

Helmke, A.&Weinert, F.(1997). *Unterrichtsqualität und Leistungsentwicklung. Ergebnisse aus dem SCHOLASTIK-Projekt.* Weinheim: Beltz Verlag.

Helmke, A.(2003). *Unterrichtsqualität. Erfassen, bewerten, verbessern.* Seelze: Kallmeyer Verlag.

Helmke, A., Hornstein, W. & Terhart, E.(2000).Qualität und Qualitätssicherung im Bildungsbereich. In: *Zeitschrift für Pädagogik.41.Beiheft.*S.7-14. Weinheim und Basel: Beltz Verlag.

Helmut W.(1999). *Interventionstheorie, Grundzüge einer Theorie der Intervention in komplexe Systeme. Band 2.* Stuttgart: Lucius & Lucius Verlag.

Hirsch, G. Ganguillet, G.&Trier, U.(1990). *Wege und Erfahrungen im Lehrerberuf. Eine lebensgeschichtliche Untersuchung über Einstellungen, Engagement und Belastungen bei Zürcher Oberstufenlehrern.* In der Reihe Arbeits- und Forschungsberichte der Pädagogischen Abteilung der Erziehungsdirektion des Kantons Zürich. Bd.7.Bern: Haupt Verlag.

Hof, C.(1991). Systemtheorie als Provokation für die Pädagogik?. In: *Pädagogische Rundschau, 45. Jahrgang,* S.23-39.Frankfurt.

Holitzka, M.& Remmert, E. (2000). *Systemische Organisationsaufstellungen für Konfliktlösungen in Unternehmen und Beruf.* Darmstadt: Schirner Verlag.

Holtappels, H.(2003). *Schulqualität durch Schulentwicklung und Evaluation. Konzepte, Forschungsbefunde, Instrumente.* München/Unterschleißheim: Luchterhand Verlag.

Jonen, G., Eckhardt, T. & Sekretariat der Ständigen Konferenz der Kultusminister der Länder in der Bundesrepublik Deutschland (Hrsg.).(2005). *Das Bildungswesen in der Bundesrepublik Deutschland 2003. Darstellung der Kompetenzen, Strukturen und bildungspolitischen Entwicklungen für den Informationsaustausch in Europa.* Bonn: KMK.

Kauffman, S. (1996). *Der Öltropfen im Wasser.* München Piper Verlag.

Kerschbaum, K. (1999). *Organisationales Lernen. Methodologie und Methodik.* Universität Konstanz, Diplomarbeit.

Kieser, A.(Hrsg.).(2002). *Organisationstheorien.* Stuttgart: Kohlhammer Verlag.

Klein, G. & Ministerium für Kultus, Jugend und Sport (Hrsg.). Magazin Schule 7. *Pisa-E. Daten, Fakten, Perspektiven.* Stuttgart: Ministerium für Kultus, Jugend und Sport.

Klieme, E., Baumert, J.&Schwippert, K. (2000). Schulbezogene Evaluation und Leistungsvergleiche. Eine Studie in Anschluss an TIMMS. In: Rolff, H., et al. (Hrsg.).*Jahrbuch der Schulentwicklung, Band 12. Daten, Beispiele und Perspektiven.* S.387-419. Weinheim Beltz Verlag.

Klieme, E., et al. (2003). *Bildungsbericht für Deutschland. Erste Befunde.* Opladen: Leske + Budrich Verlag.

Klimecki, R. & Thomae M.(1997). *Organisationales Lernen. Eine Bestandsaufnahme der Forschung.* Reihe Management, Forschung und Praxis, Universität Konstanz Band 18.

Klippert, H.& Lohre, W. (Hrsg.).(1999). *Auf dem Weg zu einer neuen Lernkultur. Pädagogische Schulentwicklung in den Regionen Herford und Leverkusen.* Gütersloh: Bertelsmann Stiftung.

Kohler, B.(2005). *Rezeption internationaler Schulleistungsstudien. Wie gehen Lehrkräfte, Eltern und die Schulaufsicht mit Ergebnissen schulischer Evaluationsstudien um?.* Münster et al.: Waxmann Verlag.

Königswieser, R. & Exner, A. (1998) *Systemische Intervention.* Stuttgart: Klett-Cotta Verlag.

Kühl, S.(2000). *Das Regenmacher-Phänomen. Widersprüche und Aberglaube im Konzept der lernenden Organisation.* Frankfurt am Main: Campus Verlag.

Lenz, M.&Tillmann, K.(1997). Zerfall oder neue Vielfalt. Familienformen im Spiegel empirischer Daten. In: *Pädagogik 49, Heft 7-8/1997*, S.11-15.

Lenzen, D. (Hrsg.).2004. *Irritationen des Erziehungssystems. Pädagogische Resonanzen auf Niklas Luhmann.* Frankfurt am Main: Suhrkamp Verlag.

Levine, D. & Lezotte. (1990).*Unusually effective schools: A review and analysis of research and practise.* Madison, WI: National Center for Effective Schools research and Development.

Lisop, Ingrid. (1998). *Autonomie - Programmplanung – Qualitätssicherung. Leitfaden zur Organisationsentwicklung von Schulen und Bildungseinrichtungen.* Frankfurt am Main: GAFB Verlag.

Lortie, D. (1975). *Schoolteacher. A Sociological Studie.* Chicago: University of Chicago Press.

Luhmann, N..& Lenzen, D. (Hrsg.).(2002). *Das Erziehungssystem unserer Gesellschaft.*Frankfurt am Main: Suhrkamp Verlag.

McKelvey, B. (1999). Self-Organization, Complexity Catastrophe, and Microstate Models at the Edge of Chaos. In: Baum, Joel A. (Hrsg.). *Variations in organization science.* Pp. 279-307. Thousand Oaks: Sage Verlag.

Ministerium für Kultus, Jugend und Sport Baden-Württemberg (Februar 2004). *Bildungsplan 2004. Allgemeinbildendes Gymnasium.* Ditzingen: Philipp Reclam Verlag.

Mintzberg, H.(1983). *Structures in Fives.* Englewood Cliffs, NJ: Prentice-Hall Verlag.

Mintzberg, H.(1991). *Mintzberg on management.* Übersetzt: *Mintzberg über Management. Führung und Organisation - Mythos und Realität.* Wiesbaden: Gabler Verlag.

Morrison, K. (1998). *Management Theories for Educational Change.* London: Sage Verlag.

OECD (2004). *Bildung auf einen Blick. OECD-Indikatoren 2004.* Paris: O-ECD.

Oelkers, J. (2001). *Einführung in die Theorie der Erziehung.* Weinheim und Basel: Beltz Verlag.

Oelkers, J.(2003). *Wie man Schule entwickelt. Eine bildungspolitische Analyse nach PISA.* Weinheim. Beltz Verlag.

Ostermeier, C.(2003). *Kooperative Qualitätsentwicklung in Schulnetzwerken.* Münster et al.: Waxmann Verlag.

Reckmann, H.(1992). *Fortbildungsorientierungen von Lehrerinnen und Lehrern.* Soest: Soester Verlag.

Reich, K.(2000). *Systemisch-konstruktivistische Pädagogik. Einführung in Grundlagen einer interaktionistisch-konstruktivistischen Pädagogik.* Neuwied: Luchterhand Verlag.

Rheinländer, K. (2003). *Zur Veränderung der Lehr- und Lernkultur durch Neue Medien.* Oldenburger Universitätsreden. Vorträge, Ansprachen, Aufsätze. Nr.146. Oldenburg: Bibliotheks- und Informationssystem der Universität Oldenburg.

Risse, E. (2003). *Lernkultur als Ziel einer systematischen Entwicklung von Schule.* Oldenburger Universitätsreden. Vorträge, Ansprachen, Aufsätze. Nr.145. Oldenburg: Bibliotheks- und Informationssystem der Universität Oldenburg.

Rolff, H., Buhren, C. Lindau-Bank, D.& Müller, S. (1999). *Manual Schulentwicklung. Handlungskonzept zur pädagogischen Schulentwicklungsberatung (SchuB).* Weinheim und Basel: Beltz-Verlag.

Rüegg, S.(2000). *Weiterbildung und Schulentwicklung. Eine empirische Studie zur Zusammenarbeit von Lehrerinnen und Lehrern.* Bern et al.: Lang Verlag.

Rutter, M.(1980). *Fifteen thousand hours.* Übersetzt von Höhn, K. *Fünfzehntausend Stunden. Schulen und ihre Wirkung auf die Kinder.*Weinheim: Beltz Verlag.

Sammet, J. (2004). *Kommunikationstheorie und Pädagogik. Studien zur Systematik "Kommunikativer Pädagogik".* Würzburg: Königshausen & Neumann Verlag.

Scheerens, J. & Bosker, R. (1997). *The foundations of Educational Effectiveness.* Oxford: Pergamon.

Senge, P. (1998). *Die fünfte Diziplin.* Stuttgart: Klett-Cotta Verlag.

Specht, W.& Thonhauser, J. (Hrsg.). (1996).*Schulqualität. Entwicklungen, Befunde, Perspektiven.* Innsbruck-Wien: Studien Verlag.

Stacey, R. (1997). *Unternehmen am Rande des Chaos.* Stuttgart: Schäffer-Peschel Verlag.

Strobel-Eisele, G. (1992). *Schule und soziale Evolution. System- und evolutionstheoretische Untersuchungen zur Entstehung und Entwicklung von Schule.* Weinheim: Deutscher Studien Verlag.

Strobel-Eisele, G. (2003). *Unterricht als pädagogische Konstruktion. Die Logik des Darstellens als Kern von Schule.* Weinheim: Beltz Verlag.

Stryck, T.(2000).Qualitätssicherung in der Geisterbahn. Was hat Schulaufsicht mit Qualität zu tun?. *Zeitschrift für Pädagogik.41.Beiheft.* S.111-125. Weinheim und Basel: Beltz Verlag.

Tenorth, H. (Hrsg.).(2003). *Form der Bildung - Bildung der Form.* Weinheim: Beltz Verlag.

Terhart, E. (1994). SchulKultur. Hintergründe, Formen und Implikationen eines Schulpolitischen Trends. In: *Zeitschrift für Pädagogik, 40 (5)*, 685-702.

Terhart, E. (2000). Qualität und Qualitätssicherung im Schulsystem. Hintergründe, Konzepte, Probleme. In: *Zeitschrift für Pädagogik, 46. Jahrgang, 2000, Nr.6,* S. 809-829.

Terhart, E.(2002). *Standards für die Lehrerbildung. Eine Expertise für die Kultusministerkonferenz.* Ms. Münster.

Tillmann, K., Holler-Nowitzki, B., Holtappels, H., Meier, U. & Popp, U..(1999). *Gewalt als Schulproblem. Verursachende Bedingungen, Erscheinungsformen und pädagogische Handlungsperspektiven.* Weinheim: Beltz Verlag

Voß, R. (Hrsg.).(2002). *Die Schule neu erfinden. Systemisch-konstruktivistische Annäherungen an Schule und Pädagogik.* Neuwied: Luchterhand Verlag.

Walberg, H. & Haertel, G. (1980). Research Synthesis: A Special Issue of Evaluation in Education. In: *Evaluation in Education*, 4, pp.1-144.

Wang, C. M., Haertel, G. D. & Walberg, H. (1993). Toward a Knowledge Base for School Learning. In: *Review of Educational Research, 63,* pp.249-294.

Waterman, R. Stanat, P, et al. (2003). Schulrückmeldungen im Rahmen von Schulleistungsuntersuchungen. Das Disseminationskonzept von PISA-2000. In: *Zeitschrift für Pädagogik, 49(1)*, 92-111.

Weishaupt, H.& Weiß (1997). Schulautonomie als theoretisches Problem und als Gegenstand empirischer Bildungsforschung. In: Döbert, H.& Geißler, G. (Hrsg.). *Schulautonomie in Europa.* Berlin. S. 27-45.

West-Burnham, J.(1997). *Managing Quality in Schools*, 2. Ausgabe London: Pitman.

Wilkesmann, U. (1999). *Lernen in Organisationen. Die Inszenierung von kollektiven Lernprozessen.* Frankfurt am Main et al.: Campus Verlag

Zeiher, H..(1989).Modernisierungen in den sozialen Formen von Gleichaltrigenkontakten. In: Geulen, D.(Hrsg.). *Kindheit.* S.68-65. Weinheim: Beltz Verlag.

Zimmermann, P.& Rolff, H.(1992).*Kindheit im Wandel. Eine Einführung in die Strassensozialisation im Kindesalter.* Weinheim: Beltz Verlag.

Zinnecker, J., Behnken, I., Maschke, S. & Stecher, L. (2002). *Null zoff & voll busy. Die erste Jugendgeneration des neuen Jahrhunderts.* Opladen: Leske + Budrich.

Zymek, B.(1975). *Das Ausland als Argument in der pädagogischen Reformdiskussion.* Rattingen: Henn Verlag.

9.1 Onlinequellen

Baumert, J. et al.(Mai 2001). Arbeitsstab Forum Bildung in der Geschäftsstelle der Bund-Länder-Kommission für Bildungsplanung und Forschungsförderung. *Qualitätssicherung im internationalen Wettbewerb. Bericht der*

Expertengruppe des Forum Bildung. In: http://leb.bildung-rp.de/info/aktuell/qualitaet/allgemein/fb_2001-05-16.pdf [01.09.2005].

Beckhoff, P. (o.A.). Bertelsmann Stiftung. *Konsequenzen aus PISA. Positionen der Bertelsmann Stiftung.* In: http://www.bertelsmann-stiftung.de/cps/rde/xbcr/SID-0A000F0A-11DD4F0A/stiftung/Pisa_Positionspapier.pdf [01.09.2005].

Bund Länder Kommission für Bildungsplanung und Forschungsföderung. (o.A.). *Die Grundkonzeption des BLK-Programmes.* In: http://blk.mat.uni-bayreuth.de/programm/konzeption.html [01.09.2005].

Gewerkschaft für Erziehung und Wissenschaft in Baden-Württemberg.(2004a). *Sorgfalt vor Schnelligkeit.* In: http://www.gew-bw.de/Binaries/Binary2160/04-07-19_PM-Bildungsplanreform.pdf [01.09.2005].

Gewerkschaft für Erziehung und Wissenschaft in Baden-Württemberg.(2004b). *Drei Jahre nach PISA – Die GEW zieht Zwischenbilanz.* In: http://www.gew.de/Binaries/Binary6092/PISA.pdf [01.09.2005].

Gewerkschaft für Erziehung und Wissenschaft in Baden-Württemberg. (Oktober 2003). *Stellungnahme der GEW zur Bildungsplanreform in Baden-Württemberg.* In: http://www.gew-bw.de/Binaries/Binary801/Stellungnahme_zur_Bildungsplanreform_-_Standards.pdf [01.09.2005].

Herrmann,U. (o.A.).*Bildungsstandards und allgemeine Schulbildung.* In: http://www.gew-bw.de/Binaries/Binary2742/Herrmann-_Bildungsstandards_und_Schulbildung.pdf [01.09.2005].

Kappelhoff, P. (November 1999). *Handlungssysteme als komplexe adaptive Systeme: Überlegungen zu einer evolutionären Sozialtheorie.* In: http://www.wiwi.uni-wuppertal.de/kappelhoff/papers/handlungssysteme.pdf [01.09.2005].

Klieme, E. et al., DIPF Frankfurt am Main, Bundesministerium für Bildung und Forschung (Februar 2003). *Zur Entwicklung nationaler Bildungsstandards. Eine Expertise.* In: http://www.bmbf.de/pub/zur_entwicklung_nationaler_bildungsstandards.pdf [01.09.2005].

Lacroix, P. Dorsemagen, C., Krause, A.& Bäuerle, F.(August 2005). *Forschungsberichte des Instituts für Psychologie der Albert-Ludwigs-Universität Freiburg, Nr. 163, Arbeitzeitregelungen an Schulen aus arbeits- und organisationspsychologischer Sicht. Eine repräsentative Befragung gewerkschaftlich organisierter Lehrerinnen und Lehrer in Baden-Württemberg.* In: http://portal.uni-freiburg.de/psychologie/abteilungen/AundO.Psychologie /pdfs/-Forschungsbericht_163 [07.09.2005].

Landesinstitut für Schulentwicklung (o.A.). *Orientierungsrahmen zur Schulqualität.* In: http://www.schule-bw.de/unterricht/schulentwicklung/eis/schulqualitaet/docs/orientierungsrahmen.doc [01.09.2005].

Lange, Hermann (Dezember 2004). Verfall oder Entwicklungsrückstand? Folgerungen aus PISA. In: http://www.pisa.oecd.org/dataoecd/45/29/34342349.pdf [01.09.2005].

Lawrence, E., (Juni 1998).Research Directorate,Policy Research and Communications Branch, Public Service Commission Canada. *Some Thoughts on*

Turning a Government Organization into a Learning Organization. In: www.psc-cfp.gc.ca/research/knowledge/learning_org_e.pdf [01.09.2005].

Posch, P.& Altrichter, H.(o.A.). *Schulqualität.* In: http://www.qis.at/pdf/schulqualitaet.pdf [01.09.2005].

Q.U.I.S. (o.A.). *Fünf Qualitätsbereiche.* In: http://www.qis.at/fragebogen/pdf/5Qualitaetsbereiche.pdf [01.09.2005a].

Q.U.I.S. (o.A.).*Warum Qualität in Schulen?.* In: http://www.qis.at/material/Folien_deutsch10_250900.ppt [01.09.2005b].

Rath, M. & Marci-Boehncke, G.. (März 2005). *Forschungsprojekt: Pädagogen brauchen mehr Selbstbewusstsein.* In: http://bildungsklick.de/serviceText.html?serviceTextId=11661 [01.09.2005].

Resnick, L. (2005). American Educational Research Association, Summer 2005, Volume 3, Issue1. *Teaching Teachers: Professional Development To Improve Student Achievement.* In: http://www.aera.net/uploadedFiles/Journals_and_Publications/Research_Points/RPSummer05.pdf [01.09.2005].

Universität Duisburg, Arbeitsgruppe Bildungsforschung/Bildungsplanung. (Oktober 2004). *Das deutsche Schulsystem. Entstehung, Struktur, Steuerung.* In: http://www.uni-essen.de/bfp/lehre/skripte.php [01.09.2005].

Weigel, T. (November 2004). *Die PISA-Studie im bildungspolitischen Diskurs. Eine Untersuchung der Reaktionen auf in PISA in Deutschland und im Vereinigten Königreich.* In: http://www.pisa.oecd.org/dataoecd/46/23/34805090.pdf [01.09.2005].

10. Anhang

1. Ländervergleich, Reformvorhaben nach PISA 2004. (DIE ZEIT (2004)).

	Baden-Württemberg	Bayern	Berlin	Brandenburg	Bremen
Zentralabitur?	Ja, seit 1952	Ja, seit 1946	Ja, ab 2007	Ja, ab 2005	Ja, ab 2007
12 Jahre bis zum Abi?	Ja, seit 2004	Ja, seit 2004	Ja, seit 2004	Modellversuche laufen	Ja, seit 2004
Deutschkurse bei Bedarf Pflicht?	Nein	Nein	Ja, ab 2005	Nein	Ja, flächendeckende Einführung geplant
Fachüber- greifender Unterricht?	Ja, Einführung von Fachverbünden seit 2004	Regional vorhanden	Regional vorhanden	Regional vorhanden	Ja, in den Lehrplänen verankert
Flexible Schuleingangsphase?	Regional vorhanden	Regional vorhanden	Ja, flächendeckend ab 2006	Ja, flächendeckend in den nächsten Jahren	Ja, flächendeckend ab 2006
Zahl der Ganztagsschulen?	347; dazu 42 mit Ganztagsangeboten	54; dazu 548 mit Ganztagsangeboten	87; dazu 189 mit Ganztagsangeboten	112; dazu 22 mit Ganztagsangeboten	3; dazu 24 mit Ganztagsangeboten
Schulprogramme Pflicht?	Ja, seit 2004	Nein	Ja, seit 2004	Ja, seit 2001	Ja, seit 2004

	Hamburg	Hessen	Mecklenburg-Vorpommern	Nieder-sachsen	Nordrhein-Westfalen	Rheinland-Pfalz
Zentralabitur?	Ja, ab 2005	Ja, ab 2006	Ja, seit 1991	Ja, ab 2006	Ja, ab 2007	Nein
12 Jahre bis zum Abi?	Ja, seit 2004	Ja, ab 2005	Ja, ab 2006	Ja, seit 2004	Ja, ab 2005	Nein
Deutschkurse bei Bedarf Pflicht?	Ja, flächen-deckende Ein-führung geplant	Ja	Nein	Ja, seit 2004	Ja, seit 2000	Nein
Fachüber- grei-fender Unter-richt?	Ja, in den Lehr-plänen verankert	Ja, in den Lehrplänen verankert	Regional vorhan-den	Regional vorhanden	Regional vorhanden	Ja, in den Lehrplänen verankert
Flexible Schul-eingangsphase?	Regional vor-handen	Regional vorhanden	Nein	Regional vorhanden	Ja, ab 2005	Ja, flächen-deckende Einführung geplant
Zahl der Ganz-tagsschulen?	19; dazu 85 mit Ganztags-angeboten	290 Schulen haben Ganz-tagsangebote	138 Ganztags-schulen	319 Schulen mit Ganz-tags-angeboten	641; dazu 703 mit Ganztags-angeboten	315; dazu 41 mit Ganztags-angeboten
Schulprogramme Pflicht?	Ja, seit 2000	Ja, seit 1997	Ja	Flächen-deckende Einführung geplant	Ja, seit 1997	Ja, seit 2002

	Saarland	Sachsen	Sachsen-Anhalt	Schleswig-Holstein	Thüringen
Zentralabitur?	Ja, seit 1945	Ja, seit 1993	Ja, seit 1993	Nein	Ja, seit 1990
12 Jahre bis zum Abi?	Ja, seit 2001	Ja, seit 1990	Ja, seit 2003	Ja, aber nicht flächen deckend	Ja, seit 1990
Deutschkurse bei Bedarf Pflicht?	Nein, aber Sprachtests Pflicht	Ja, seit 2000	Nein	Nein	Ja, seit 1998
Fachüber- greifender Unterricht?	Regional vorhanden	Ja, in den Lehrplänen verankert	Regional vorhanden	Ja, in den Lehrplänen verankert	Ja, in den Lehrplänen verankert
Flexible Schuleingangsphase?	Nein	Nein	Ja, flächendeckend ab 2006	Regional vorhanden	Ja, flächendeckend seit 2004
Zahl der Ganztagsschulen?	126 Schulen mit Ganztagsangeboten	Alle 1328 Schulen mit Ganztagsangeboten	12; dazu 75 mit Ganztagsangeboten	23; dazu ca. 160 mit Ganztagsangeboten	144; dazu 641 mit Ganztagsangeboten
Schulprogramme Pflicht?	Nein	Ja, seit 2004	Ja, seit 2003	Ja, seit 2002	Ja, seit 1997

2. SINUS-Programm, die Module (BLK, 1998):

Die inhaltlichen Schwerpunkte, die im Rahmen der Qualitätsentwicklung bearbeitet werden sollen, sind in 11 Modulen beschrieben. Die im Gutachten der Expertengruppe nur knapp umrissenen Module stehen in einem abgestimmten Gesamtzusammenhang. Sie sind im Kontext von Zielen der mathematisch-naturwissenschaftlichen Grundbildung und von wissenschaftlich fundierten Prinzipien des Lehrens und Lernens zu interpretieren und zu konkretisieren. Dabei können und sollen die Schulen Besonderheiten ihrer lokalen und regionalen Bedingungen berücksichtigen.

Im Einzelnen betreffen die Module folgende thematische Bereiche:

Modul 1: Weiterentwicklung einer Aufgabenkultur im mathematisch- naturwissenschaftlichen Unterricht

Modul 2: Naturwissenschaftliches Arbeiten

Modul 3: Aus Fehlern lernen

Modul 4: Sicherung von Basiswissen Verständnisvolles Lernen auf unterschiedlichen Niveaus

Modul 5: Zuwachs von Kompetenz erfahrbar machen: Kumulatives Lernen

Modul 6: Fächergrenzen erfahrbar machen: Fachübergreifendes und fächerverbindendes Arbeiten

Modul 7: Förderung von Mädchen und Jungen

Modul 8: Entwicklung von Aufgaben für die Kooperation von Schülern

Modul 9: Verantwortung für das eigene Lernen stärken

Modul 10: Prüfen: Erfassen und Rückmelden von Kompetenzzuwachs

Modul 11: Qualitätssicherung innerhalb der Schule und Entwicklung schulübergreifender Standards

3. Interventionsregeln nach Senge (SENGE 1998):

Die Probleme von heute beruhen auf den Lösungen von gestern

Je stärker du drückst, desto stärker schlägt das System zurück

Das Systemverhalten wird besser bevor es schlechter wird

Der leichte Ausweg führt gewöhnlich zurück ins Problem

Die Therapie kann schlimmer sein als die Krankheit

Langsamer ist schneller

Ursache und Wirkung sind raumzeitlich nicht miteinander verknüpft

Kleine Änderungen können Wirkungen erzielen, aber die sensiblen Druckpunkte des Systems sind am schwersten zu erkennen

Man kann den Kuchen haben und ihn essen, nur nicht gleichzeitig

Wer einen Elefanten in zwei Hälften teilt, bekommt keine zwei kleine Elefanten

Schuldzuweisungen bringen nichts